国家中等职业教育改革发展示范学校建设项目
高端技术技能型人才培养系列教材

# 客运规章

主　编　韩　帆　邵玉芝
副主编　林　琳
参　编　何秋梅　张宝生　刘　浏　孙秉岩　王　靓
主　审　陶　毅

机械工业出版社

本书系统地阐述了城市轨道交通各岗位的工作人员应掌握的知识和技能，共分为六章，内容主要包括：车站运作规则、行车组织、车站票务管理、票务管理规定、客运服务标准、自动售票机及闸机异常处理方法。

本书可作为城市轨道交通专业人员培训教材、职业院校相关专业的教材或教学参考书，也可以作为城市轨道交通工作人员（特别是新员工）的岗位技能教育培训用书，还可供相关人员参加就业培训参考用书。

**图书在版编目（CIP）数据**

客运规章/韩帆，邵玉芝主编. —北京：机械工业出版社，2014.5（2023.8重印）

国家中等职业教育改革发展示范学校建设项目 高端技术技能型人才培养系列教材

ISBN 978-7-111-46558-4

Ⅰ.①客… Ⅱ.①韩…②邵… Ⅲ.①城市铁路-铁路运输-旅客运输-规章制度-中国-中等专业学校-教材 Ⅳ.①U239.5

中国版本图书馆CIP数据核字（2014）第086412号

机械工业出版社（北京市百万庄大街22号 邮政编码100037）
策划编辑：曹新宇 责任编辑：师 哲
版式设计：常天培 责任校对：张 力
封面设计：马精明 责任印制：张 博
北京雁林吉兆印刷有限公司印刷
2023年8月第1版第6次印刷
184mm×260mm · 6印张 · 130千字
标准书号：ISBN 978-7-111-46558-4
定价：25.00元

电话服务
客服电话：010-88361066
010-88379833
010-68326294

网络服务
机 工 官 网：www.cmpbook.com
机 工 官 博：weibo.com/cmp1952
金 书 网：www.golden-book.com
机工教育服务网：www.cmpedu.com

# 前 言

随着城市轨道交通的蓬勃发展，人力市场对城市轨道交通运营管理人才的需求量也急剧增加，每年都需要大量的应届毕业生补充到轨道交通相关岗位中去。这些年，随着城市轨道交通和铁路设备的不断更新以及运行速度的不断提高，企业更需要掌握新知识、新技术的专业人员，这就要求我们必须进行职业岗位分析，明确培养对象应具备的道德、知识、技能和综合能力等各种职业素质，从而培养能够满足企业要求的合格人才。

本书是针对城市轨道交通运营与管理中的各项职责、规章要求及特殊事件的应急方法编写的。通过对这本书的学习，学生能够加深理解城市轨道交通运营与管理工作中的各岗位职责；增长岗位服务技能；掌握特殊事件的处理方法；用正确的服务观点和方法认清岗位职责，从而更加热爱工作岗位。

本书由韩帆、邵玉芝主编，陶毅主审，林琳任副主编，何秋梅、张宝生、刘浏、孙秉岩、王靓参与编写。

本书在编写过程中，虽然参阅了大量的城市轨道交通运营与管理及高铁动车组专业教材，并在教学中积累了丰富的经验，但仍然会存在许多不足之处，希望城市轨道交通运营与管理方面的专家及读者提出宝贵的意见。

编 者

# 目 录

# 第一章

# 车站运作规则

## 学习目标

1. 车站各岗位职责及站内各单位的合作关系。
2. 车站各岗位作业标准及程序。

## 第一节　车站各岗位名称及工作标准

### 一、车站层级管理框架

在正常情况下车站实行层级负责制，由上至下依次为：站长、值班站长、值班员、站务员与保安员。信息汇报实行逐级汇报，由下至上依次为：站务员与保安员、值班员、值班站长、站长；车站站长负责协调驻站人员的工作。车站层级管理框架具体内容如图1-1所示。

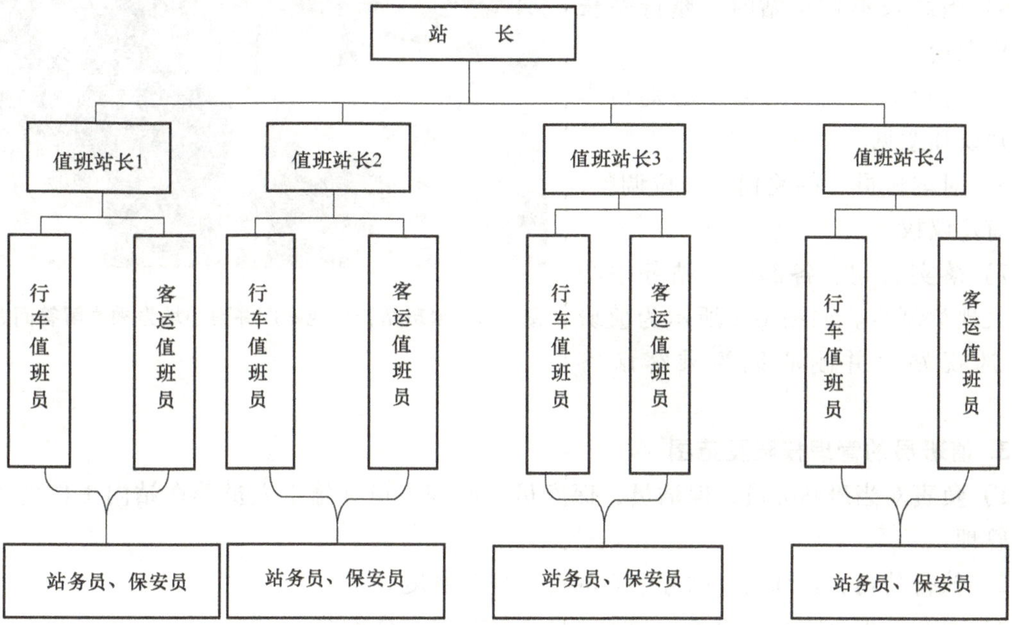


图1-1　车站层级管理框架

## 二、车站层级管理

**1. 站长的管理权限及范围**

1）代表地铁公司在车站行使属地管理权，全面负责车站的现场管理以及本站的消防、安全、治安、服务、行车、施工、票务和人事等工作，直接控制车站的运作及其系统运行；根据上级的要求，计划、组织、指挥、控制和协调日常工作以及开展各岗位工作考评。

2）负责对车站值班站长、值班员、站务员、保安员进行日常行政管理；对车站保洁工作的质量进行考核；对设备维修人员、商铺人员和施工人员等在站内工作的人员进行监督管理。

3）对站务中心的工作有建议权。

4）对车站员工有岗位调整权、监督考核权和晋升推荐权，对车站员工奖金按考核规定进行不同等级分配。

**2. 值班站长的管理权限及范围**

1）负责对当班的值班员、站务员、保洁员、保安员、商铺人员和施工人员等在站内工作的人员进行管理。

2）对车站违章、违纪员工和危及行车安全、设备安全、乘客人身安全的行为有临时处理权和考核权。

3）负责本班内各岗位员工的工作安排和管理。

4）当站长不在车站时，履行站长的工作职责。

5）有权向车站、站务中心提出本人的建议和意见。

6）对本班员工的奖罚、岗位调整、晋升有建议权。

7）落实公司、各部门、站务中心的有关规章制度。如图 1-2 所示为值班站长巡视站厅并耐心地为乘客解答问题。

图 1-2　值班站长巡视站厅并耐心地为乘客解答问题

**3. 值班员的管理权限及范围**

1）负责对当班站务员、保洁员、保安员、商铺人员和施工人员等在站内工作的人员进行管理。

2）执行公司、各部门、站务中心的有关规章制度。

3）对车站现金收益、票务、行车、设备运行的安全负责。

4）有权向本班组、车站、站务中心提出本人的建议和意见。

5）值班员须主动向值班站长汇报本班设备、设施运作情况和各岗位工作情况。如图1-3所示为值班员在为乘客服务。

**4. 站务员/保安员的管理权限及范围**

1）有权对本班车站内的保洁人员、商铺人员和施工人员等进行管理。

2）对车站管理工作有权向本班组、车站和站务中心提出本人的建议与意见。

图1-3　值班员在为乘客服务

## 三、站内各单位的合作关系

车站常驻人员有客运人员、保洁人员、地铁公安人员、银行人员、商铺及检修中心人员、设施中心维修人员等。

**1. 站内各单位间的工作协调**

车站成立以站长为组长、警务站负责人为副组长、各单位负责人为组员的综合治理小组。综合治理小组每月至少组织一次会议，解决、协调车站内的治安等工作。

**2. 站台安全员与各单位人员的工作合作**

综合治理小组成员相互通报相关信息，尤其在重大节假日前，站台安全员应将有关行车方案及站内客运应急方案通报各部门；定期组织各部门参加消防检查或应急与紧急疏散演练；车站站长、值班站长可调动检修人员、保洁人员、外部门维修人员，参与车站特殊情况下的客运组织及大客流应急处理，如图1-4所示为地铁工作人员正在疏导乘客。

图1-4　地铁工作人员正在疏导乘客

**知识拓展**

哈尔滨地铁1号线共有18个车站，500余名站务员。根据车站规模的不同，每个车站的站务员人数为20～30不等。每个车站的人员由站长、值班站长、值班员和普通站务员等组成，分别负责行车、客运、站台、站厅及客服中心等多个岗位的服务工作。载客运行后，18个车站将针对客流群体、地域环境等，推出不同的特色服务。如何应对突发情况，也是站务员训练的一个重要内容，针对其他城市地铁已发生过的突发情况，或是可能发生的情况，客运中心都有相应的预案，站务员以此进行模拟演练。

**思考题**

1. 请画出车站层级管理框架。
2. 简述值班员的管理权限及范围。
3. 简述站务员/保安员的管理权限及范围。
4. 车站常驻人员有哪些?
5. 简述站内各单位的合作关系。

## 第二节 车站各岗位职责

### 一、车站站长

**1. 行车、客运和票务工作**

监控、组织、编制值班站长的行车、客运和票务工作，定期对其工作进行计划和检查。

**2. 员工管理**

监督各层级人员的管理情况，统筹安排并协调各岗位的工作；定期进行员工教育，对全站员工进行考评，并进行奖金分配；每月汇总、公布车站的考评情况。

**3. 班组管理**

每月根据上级要求和车站实际情况制定工作计划，并对班组工作进行总结；监督班组管理成员的工作；每月定期召开班组管理成员会议，解决车站出现的问题。

**4. 员工培训**

根据上级的要求和本站培训需求制定车站培训计划；按车站实际情况安排培训工作；定期检查培训效果，进行培训总结。

## 二、值班站长

值班站长负责本班全站日常的行车、客运管理、乘客服务、事故处理、设备日常管理、安全管理、员工培训和执法管理等工作。

**1. 行车、客运和票务管理**

服从行车调度员指挥，执行行车调度员命令；监督值班员接发列车；监督操作LOW（联锁站）；按客运方案组织乘客购票乘车；组织突发、紧急情况下的车站运作；确保车票、现金安全；监督票务系统的运作情况。

**2. 乘客服务**

处理乘客的服务需求；处理乘客投诉、来访和乘客纠纷等；根据服务标准解决与乘客有关的问题，提供优质服务；处理、汇总当班的服务事件、服务问题，并及时向站长汇报；运营时间内每2h巡视一遍出入口，并在《车站、防火巡视登记簿》上做好记录；对站内服务设施、站外导向和告示牌等进行巡视、管理。

**3. 负责本班组的员工管理**

按规定在班前、班后组织召开接班会和交班会；合理安排岗位，协调岗位工作；对当班人员进行监督、检查和考核；对当班员工进行培训、教育，掌握员工思想状况。

**4. 安全管理**

确保行车、车站员工及乘客的安全；确保车站收益安全、设备运行安全；监督车站安全、消防安全工作；处理违反《城市轨道交通管理办法》的行为；进行车站各项安全检查；及时向站长汇报安全情况。

**5. 员工培训**

组织实施车站培训工作，检查评定培训效果；定期总结培训工作，提出改进意见或建议。

## 三、值班员

**1. 行车值班员**

在值班站长的领导下，主管行车组织工作；负责监控和操作LOW、LCP盘以及BAS、FAS等设备，通过CCTV监视各区域情况；LOW停用时负责现场人工排列进路；做好各项施工登记和注销手续；在线路施工和工程列车开行时安排好安全防护工作，负责车站施工作业登记、施工安全监控和施工负责人管理等工作；按分公司、客运部应急信息汇报程序及时上报车站各类信息；协助值班站长做好站务员、保安员的管理工作；做好对乘客的广播宣传工作。

**2. 客运值班员**

在值班站长的领导下，主管车站客运、票务管理工作，组织售票人员、厅巡人员和站台人员做好客运服务工作；负责车票的收发、回收及保管工作；负责车站营收统计工作，各种票务收益单据填写及保管；负责车站收益解行的实施和安全管理；协助值班站长做好站台安全员、保安员的管理工作，处理乘客事务，提供优质服务；监督售票员、站台安全员的在岗工作情况；在非运营时间统计汇总当日营收情况；每班巡视车站，维护车站安全，防止意外事件的发生，如图1-5所示为值班员在工作中。

## 四、售检票员/站台安全员

售检票员安排在售票、站厅巡查岗位，站台安全员安排在站台岗位，除执行《乘客服务标准》的规定外，还应执行以下规定。

**1. 售检票员**

注意站厅付费区、非付费区乘客的动态，发现有违反地铁规定的要及时制止；帮助乘客，回答乘客的询问，特别注意帮助老、弱、病和有困难及伤残的乘客，解决乘客问题，为乘客提供优质服务；负责协助值班站长、值班员及时更换钱箱、票盒，引导不能正常进出闸机的乘客到售票亭处理；负责站厅边门的管理，对通过边门进出的人员进行严格登记；向值班站长报告不正常情况，向客运值班员报告处理不了的问题。

注意乘客携带的物品，严禁乘客携带“三品”进站；发现乘客携带超大、超长和超重的物品时禁止其进站乘车，并向乘客耐心解释；当值班站长、值班员不在站厅时，负责接受乘客的投诉或建议等，并做好记录及时向值班站长汇报，如图1-6所示为工作人员进行安全检查。

图1-5　值班员在工作中

图1-6　工作人员进行安全检查

发现精神异常、醉酒的乘客禁止其进站乘车，及时汇报车控室，必要时请求警务人员或其他同事协助，并注意自我保护；在站厅、出入口范围发生安全事件时，要及时赶到，保护现场，寻找两名及以上目击证人，对伤者可使用外用药进行治疗。

在站厅、出入口范围内发现非地铁宣传品时，及时采取措施并报告车控室；负责站厅、出入口设备设施的安全，运营时间内每2h巡视一遍出入口，并将巡视情况汇报给车控室，车控室做好记录。

负责站厅、出入口的客流组织工作，及时疏导乘客，防止乘客过分拥挤或排长队，客流变化时及时向车控室汇报；协助值班站长、值班员做好大团体乘客进出站的客流组织工作；在引导大团体的乘客从边门进出付费区时，车站引导员必须用手提广播召集团体乘客，并不断地广播“这是团体乘客进（出）口，不是该团体的乘客请到进（出）闸机处进（出）”以防止其他乘客走错方向。

**2. 站台安全员**

随时注意站台乘客动态，向乘客宣传不要靠近黄色安全线，维持站台秩序，组织乘客有序乘降；当列车进站时应在站台扶梯口靠近紧急停车按钮附近站岗，防止乘客在关门时冲上车而被夹伤；列车关门时，确认其运作情况是否安全，发现车门未关闭好时第一时间通知驾驶员，并及时向车控室汇报，必要时采取相应的应急措施；按规定或应驾驶员要求，确认站台安全后向驾驶员显示“好了”的信号。

### 知识拓展

站长负责全站的行车施工、客运管理、乘客服务、事故处理、员工管理、班组管理、安全管理和员工培训等工作。值班站长受站长委托对以上各项日常工作负责，两者对以下工作具有相同的职责。

1. 乘客服务

监督车站乘客服务工作，为乘客提供优质服务；处理乘客投诉、来信、来访及乘客纠纷；汇总服务案例、服务技巧，提高员工服务质量，进行服务培训。

2. 事故处理

车站发生事故时担任事故处理主任工作，在事故处理主任的职权未移交前，全权、全程负责站内的事故处理工作；组织相关员工处理事故，尽快恢复正常运营；及时向行车调度员及站务中心报告事故处理情况。

3. 安全管理

确保车站行车、施工、票务、消防、治安、人身安全和所辖设备设施的运行安全；必要时进行人潮控制；处理违反《城市轨道交通管理办法》的行为；进行车站日常安全检查、消防检查；每月进行安全教育、总结；检查车站安全隐患并落实整改。

### 思考题

1. 值班站长负责的工作有哪些？
2. 客运值班员负责的工作有哪些？
3. 站台安全员负责的工作有哪些？

# 第三节　车站各岗位作业标准及程序

## 一、值班站长

### 1. 班前

首班载客列车到站前20min，到车控室在《车站工作人员签到簿》上签到，进行班前巡视并与前一班值班站长/值班员进行交接；检查、清点钥匙、行车备品、对讲设备以及文书和票据等备品；认真检查《值班站长日志》，具体填写内容见表1-1。

表1-1 《值班站长日志》填写内容

| 序　号 | 项　目 | 内　容 |
|---|---|---|
| 1 | 行车 | 列车运行情况、相关新通知和施工情况 |
| 2 | 乘客服务 | 票务处理、物品遗失处理和乘客投诉 |
| 3 | 票务 | 票务新通知、客运值班员工作情况 |
| 4 | 其他事项 | 上级临时安排或车站发生的事 |
| 5 | 重点事项 | 一些重点工作的完成时间和负责人 |

检查文件、通知和电子邮件，核实夜班完成或未完成的工作，在接班中模糊、有疑点的问题要问清楚；完成交接后，早班要在《值班站长日志》上签名；签名后，因交接不清产生的问题由接班值班站长负责；认真检查各岗位的到岗情况，并安排好以下工作：确认售票员在首班载客列车到达前12min到岗；在首班载客列车到达前10min完成打开出入口和出入口自动扶梯的工作；检查AFC设备的工作状态。

### 2. 班中

安排好各岗位的工作，遇突发事件或发生事故时及时到现场了解清楚后进行处理，报告行车调度员，并按信息汇报程序向站长、主任、安保部汇报。

按要求巡视车站，检查、指导各岗位的工作，及时帮助各岗位完成工作任务；检查边门进出及《边门登记簿》的登记情况；检查行车值班员的《值班站长日志》《钥匙借出登记簿》《设备检修（施工）登记簿》《车站、防火巡视登记簿》《收文登记簿》《行车日志》和《设备故障登记簿》等台账是否漏填，检查本班票务工作，审核上一班报表（早班）；检查指导安全、行车、票务和乘客服务工作；早班车到站前20min巡视全站，重点检查站台及轨行区，如图1-7所示为值班站长指导

图1-7　值班站长指导工作

工作。

**3. 班后**

做好本班的班后总结，组织本班员工学习文件，开展培训和演练；检查本班所填写的台账：《值班站长日志》《钥匙借出登记簿》《车站、防火巡视登记簿》《设备检修（施工）登记簿》《收文登记簿》《行车日志》和《设备故障登记簿》；组织召开班后总结会，到车控室在《车站工作人员签到簿》上签名下班。

## 二、值班员

值班员分为行车值班员和客运值班员。

**1. 行车值班员**

（1）班前　上岗前到车控室在《车站工作人员签到簿》上签到，检查行车备品状态与数量，清点钥匙，做好交接班，登记进入 LOW；检查登记台账。

（2）班中　正常情况下监控 LOW 和 CCTV；运营前 30min 组织检查线路出清情况并及时报告行车调度员；按要求的模式打开环控设备并检查运行情况；首班载客列车到达前 15min 打开车站照明，与客运值班员联系，确认 AFC 设备、自动扶梯已开启；全面负责车站行车组织，负责车站广播播放和文件收发；末班车开出前 5min 通知客运值班员关闭 TVM、进站闸机，售票员停止兑零和售票工作，并做好广播宣传工作；末班车开出后按时广播相关信息，关闭一般照明、广告照明并协助值班站长清客关站；做好车站的钥匙借出、使用等相关登记手续；发生突发事件时，第一时间报告 OCC 行车调度员和值班站长，并按指示逐步处理。

（3）班后　检查台账是否漏填、错填，做好交接班；注销退出 LOW，在《车站工作人员签到簿》上签名下班。

**2. 客运值班员**

（1）班前　上岗前到车控室在《车站工作人员签到簿》上签到，检查车票、现金、钥匙和票务设备的备品情况；检查《客运值班员交接班簿》是否按要求填写；检查票务、乘客服务的文件通知是否有要注意的重点工作；与交班值班员交接清楚后签名；检查上一班的票务报表。

（2）班中　审核报表，准时完成车站报表、车票申报计划；检查售票员的工作情况，进行必要的复核、查账、监督票务政策的执行，每班至少详细抽查一次各售票亭的工作；及时交报表、更换钱箱和票筒、开钱箱、结账，按时完成解行或准备好解行尾箱；做好点钞室卫生清洁工作，交班时与接班值班员进行交接；统计好本班的车票、现金、发票及票务设备的备品情况，并在《客运值班员交接班簿》上做相应的记录；收车后做报表，按要求封好要加封的车票、现金；运营结束后关闭 AFC 设备，到售票亭检查对讲设备、电器电源等；到售票亭检查卫生内务，检查有没有遗漏的车票、现金；夜班客运值班员在每日 4：00 开启车站 AFC 设备，并对所有 AFC 设备进行功能测试；首班客车到站前 15min 前配好票，并检查售票员到岗情况。

（3）班后　签阅文件；注销退出 SC，到车控室在《车站工作人员签到簿》上签名下班。

## 三、售票员

**1. 班前**

上岗前到车控室在《车站工作人员签到簿》上签到，了解当天工作注意事项、票务和服务通知后，领取对讲机，到票务室领取备用金、钥匙和发票等，并预计车票、备用金和报表等数量是否足够。

首班载客列车到站前12min到售票亭，做好开窗准备：检查对讲设备、乘客求助按钮能否正常使用；检查票务设备、备品的状态与数量（如验钞机、票盒和发票等）；检查售票亭卫生、售票亭外栏杆与立柱的摆设；检查售票亭内有无来历不明的现金和车票；如有问题马上报告值班站长或值班员。一切就绪后开窗售票。

**2. 班中**

工作中注意保持售票亭的整洁，票证、报表和钱袋摆放整齐；当报表、硬币和车票不够时，提前报告客运值班员；锁好门，不能让非当班人员随意进出；严格按售票作业程序（表1-2）工作，发现站厅异常情况及时通报相关岗位或车控室，如图1-8所示为售票员在售票。

图1-8　售票员在售票

表1-2　售票作业程序

| 步　骤 | 程　序 | 内　容 |
| --- | --- | --- |
| 1 | 收 | 收取乘客购票的票款 |
| 2 | 唱 | 讲出票款金额，重复乘客要求的购票张数和车票类型，如未听清乘客的要求，应主动礼貌地询问 |
| 3 | 操作 | 正确、迅速的操作：<br>a）检验钞票真伪，如钞票为伪钞，则要求乘客另换钞票<br>b）在POST上选择相应的功能键，处理车票，让乘客确认余值 |
| 4 | 找零 | 清楚地说出找赎金额和车票张数，将车票和找赎的零钱一起礼貌地交给乘客 |

**3. 交班程序**

退出POST，报告车控室；将抽屉里的钱和车票整理放入票盒；将硬币清理好装回硬币袋；将本班验钞机关掉并拿走；拿走本班的钱袋；回AFC点钞室结账。

**4. 接班**

登记进入POST；摆放好车票；叠放好一盘硬币，将备用金放入抽屉将本班验钞机投入使用。最后一趟载客列车到站前5min停止兑零、售票。清站后，摆好“暂停服务”牌，并做好售票亭的卫生清洁工作，整理好售票亭内务，退出 POST。

**5. 班后**

到 AFC 票务室结账；结账完毕后到车控室报到，在《车站工作人员签到簿》上签名下班。

## 四、售检票员

**1. 班前**

上岗前到车控室在《车站工作人员签到簿》上签到，阅读文件、接受上级交代的工作和注意事项；领取相关钥匙，在《钥匙借用登记簿》上登记；领取对讲机，在《车站工作人员签到簿》上登记，带齐工作备品准时到岗。

**2. 班中**

引导乘客正确操作 AFC 设备，及时处理 AFC 设备故障，解答乘客咨询，如遇解决不了的问题马上报告车控室；发现有违反地铁管理条例的行为要及时制止，巡视后将出入口相关情况报告车控室；按要求更换出闸机票筒；在上/下行尾班车到站前 5min 在 TVM 上悬挂相应告示牌；最后一趟载客列车开出后，负责站厅的清客工作，关闭车站出入口。

**3. 班后**

与下一班交接班，把工作备品，如票务钥匙、通道门钥匙、扶梯钥匙和对讲机等交还车控室行车值班员，并在相应台账上注销；参加班后总结会；阅读完当天文件或规章制度等；到车控室在《车站工作人员签到簿》上签名下班。

## 五、站台安全员

**1. 班前**

上岗前到车控室在《车站工作人员签到簿》上签到，由值班站长交代工作注意事项；领取通道门钥匙，在《钥匙借用登记簿》上登记；领取对讲机，在《车站工作人员签到簿》上登记；到岗后，检查备品是否齐全完好，与上一班交接完毕向车控室汇报。

**2. 班中**

站台岗负责巡视站台，引导乘客按排队箭头候车、上下车；按照站台岗作业标准监视列车到发，车门即将关闭时，提醒或制止乘客不要冲上车，以防夹伤；主动疏导聚集在一端的乘客到乘客较少的地方候车，关注乘客动态；根据车站要求与厅巡换岗；发现站台有异常情况（包括列车到站时间不正常等），影响到车站的正常运作，马上报告车控室，并按指示逐步处理；接完末班载客列车后，负责将站台乘客清上站厅，并通知厅巡上站厅的人数，如图 1-9 所示为站台安全员在引导乘客。

图 1-9　站台安全员在引导乘客

**3. 班后**

与下一班交接班，归还工作备品，并在相应台账上做好记录；参加班后总结会；阅读完当天文件或规章制度等，到车控室在《车站工作人员签到簿》上签名下班。

### 思考题

1. 值班站长在班中的工作有哪些？
2. 行车值班员在班前需要做哪些工作？
3. 售票员在班中的工作有哪些？
4. 售检票员在班中和班后的工作有哪些？
5. 站台安全员在班中的工作有哪些？

## 第四节　车站管理

### 一、岗位交接班

接班人员应从《值班站长日志》《行车日志》《客运值班员交接班簿》中清楚地知道上一班发生的重要事务。因此，交接班要重点突出，主次分明，重要的事情及事务应详细，一般事务应简明扼要，交接的工作要有跟进，有落实，已完成的或仍需下一班接手的工作应填写在《值班站长日志》《行车日志》或《客运值班员交接班簿》上，并注明情况，包括是否完成或目前处理的进度，或下一班需做出怎样的跟进措施。

**1. 值班站长交接班内容**

值班站长交接班内容主要包括：填写签阅《值班站长日志》；行车备品情况，钥匙借还情况；人员岗位情况；上一班的交接班会内容；其他一些有必要做口头说明的事项；安全注意事项和工作重点要求。

**2. 行车值班员交接班内容**

行车值班员交接班内容主要包括：行车备品情况，钥匙借还情况；上级命令、指示、文件和通知；上一班未完成的内容（施工作业、设备故障等）；安全注意事项和工作重点要求。

**3. 客运值班员交接班内容**

客运值班员交接班内容主要包括：票务备品情况，钥匙借还情况；票务报表、台账和备用金交接；上级命令、指示、文件和通知；上一班未完成的内容（乘客事务、设备故障等）；安全注意事项和工作重点要求，如图1-10所示为客运值班员进行交

图1-10　客运值班员进行交接班

接班。

**4. 不允许交接班的情况**

出现下列情况之一不允许交接班：

1）因设备故障，按站间电话闭塞法办理行车使用路票等书面凭证尚未交付驾驶员。

2）遇信号设备发生故障，需人工准备进路进行折返作业，列车尚未进入上行（下行）站台停妥。

3）一次折返作业未完成。

4）一次票务纠纷未处理完。

5）设备、备品、票据和钱款等不清。

6）遇设备故障等影响车站正常运营。

7）接班人员未到岗。

8）岗位卫生不合格。

## 二、车站巡视

**1. 巡视次数**

值班站长接班前必须巡视 1 次，班中经常性巡视，相关情况记录在《车站、防火巡视登记簿》上；客运值班员每班巡视 4 次，相关情况记录在《车站、防火巡视登记簿》上；原则上厅巡岗人员每 2h 巡视出入口、站厅 1 次，相关情况应立即报告站控室行车值班员；站台岗人员在接发车间隙巡视站台，站台岗人员交接时接岗人员必须先巡视后接岗。

**2. 巡视范围**

车站的巡视工作是及时发现车站不良状况的主要途径之一，各岗位的巡视范围都有不同的要求，车站巡视范围见表 1-3。

**表 1-3　车站巡视范围**

| 巡视人员 | 主要范围 |
|---|---|
| 值班站长 | 设备区、管理用房、站厅、站台、出入口、售票亭 |
| 客运值班员 | 售票亭、站厅、站台、出入口 |
| 售检票员 | 出入口、站厅 |
| 站台安全员 | 站台 |

**3. 巡视要求**

1）认真：巡视人员必须以认真负责的态度去巡视每个角落和所管辖的范围。

2）细致：从细微处着手，做到防微杜渐，从看、摸、嗅和听四觉入手。

3）周全：对岗位内的设备、设施、告示牌乃至螺钉都应检查。

4）及时：巡视及时、记录汇报及时、处理及时。

巡视人员填写巡视台账必须真实，不能有造假现象。发现问题及时跟进，完成后签名确认，如图 1-11 所示为地铁工作人员巡视站厅。

图 1-11　地铁工作人员巡视站厅

**4. 车站开站程序**

1）客运值班员：每日 4：00 开启车站 AFC 设备，测试所有 AFC 设备功能。

2）行车值班员：首班出库列车到站前 30min，按规定试验道岔，检查站台和线路出清情况，并汇报行车调度员。首班出库列车到站前 10min 安排人员到站台接发首班出库列车。

3）行车值班员：首班载客列车到达前 30min，通过 EMCS/BAS 开启环控系统并检查运行情况。

4）站台安全员：首班载客列车到站前 20min，首班载客列车到站前 10min 领齐备品到岗。

5）行车值班员：首班载客列车到站前 15min 打开照明开关，并开启 AFC 设备（除闸机外）。

6）售票员：首班载客列车到站前 30min 到站领票，首班载客列车到站前 12min 到岗。

7）值班站长：首班载客列车到站前 20min 到站并巡视出入口，首班载客列车到站前 10min 完成开启出入口大门、扶梯的工作，并巡视全站。

8）行车值班员：向乘客广播候车的注意事项。

**5. 车站关站程序**

1）行车值班员：上/下行末班车开出前 10min 开始广播相关信息。

2）客运值班员：上/下行末班车开出前 5min 关闭 TVM、部分进站闸机。

3）行车值班员：通知停止售票和进站检票工作，并广播通知乘客及相关人员。

4）售检票员：最后一趟载客列车到达前 5min 在 TVM 上挂停止服务告示牌。

5）站台安全员：最后一趟载客列车开出前进行检查，确认站台乘客均已上车，无异常情况。

6）售检票员：最后一趟载客列车开出后清站，关闭车站扶梯和出入口。

7）售票员：整理票款和售票亭备品，注销 POST，回 AFC 点钞室结账。

8）客运值班员：与售票员进行结账业务。

9）值班站长：运营结束后，执行车站节电照明模式；末班车到达前 15min 到站厅检查服务告示牌；最后一趟载客列车到达前 5min 确认所有 TVM、入闸已关闭，停止正在播放的售票广播；清站，确认出入口关闭，扶梯、照明和 AFC 设备全部关闭。

## 思考题

1. 行车值班员交接班内容有哪些？
2. 客运值班员交接班内容有哪些？
3. 出现哪些情况不允许交接班？
4. 车站人员巡视范围有哪些？
5. 车站开站程序和关站程序分别是什么？

# 第二章

# 行 车 组 织

学习目标

1. 行车组织工作程序：电话闭塞法行车。
2. 行车标准及车站的设备使用。

## 第一节　行车组织工作

### 一、行车组织工作

车站行车组织工作由车站行车值班员统一负责，行车值班员必须服从行车调度员的指挥，执行行车调度员的命令，如图 2-1 所示为行车值班员在工作。

图 2-1　行车值班员在工作

站台安全员按《行车组织规则》的规定接发列车，遇非正常情况（信号发生联锁故障需人工排进路组织列车运行时，或列车开到区间因故障要退回车站等情况）须接发列车，并严格执行操作程序。

## 二、信号系统（ATC）正常时的行车组织

1）信号系统实行中央级控制（ATS），列车自动驾驶（ATO）运行，各联锁站可通过LOW对本联锁区列车运行状态进行监控。

值班站长/值班员通过LOW、CCTV监视列车运行、到发情况，ATS不能自排进路时，值班站长/值班员通过LOW人工排列进路；值班站长/值班员根据列车所处状态播放广播，做好乘客服务工作，监视站台乘客候车秩序，确保站台安全；车站按《行车组织规则》有关规定向行车调度员报点，出现以下两种情况时车站须填写《行车日志》并向前方车站报开点：

① 列车在车站的停站时间增加30s以上时，车站要向行车调度员报告原因。

② 当发生意外事件时及时向行车调度员报告，同时填写《行车日志》并记录好相关情况。

2）在车站级控制时，车站在LOW上设置列车进路，监视列车在该联锁区的运行情况，发现问题及时报告行车调度员。行车值班人员时刻注意，必要时按行车调度员指示人工取消运营停车点并时刻注意运营停车点被自动提前取消的情况，做好相关记录。

## 三、电话闭塞法的行车组织

在正线信号设备故障联锁失效的情况下，相关车站根据行车调度员的调度命令，采用电话闭塞法组织行车。

1）相关车站值班站长要及时回到站控室负责组织车站行车作业，并根据行车调度员发布的命令就地组织控制行车，安排车站值班员到站台接发列车，通知相邻车站采用电话闭塞法组织行车，并把调度命令内容通知驾驶员。

2）采用电话闭塞法行车时，同一方向相邻两个区间及站内线路内只允许一趟列车占用。

3）按电话闭塞法组织第一趟列车运行时，发车站值班站长要与行车调度员及接车站的值班站长共同确认区间空闲，接车站值班站长要与行车调度员及接车站的前方站的值班站长共同确认区间空闲。

4）接车站值班站长在收到同方向前次列车在前方站出发（折返站的后方站同意接车的条件是列车进入折返线，折返站同意接车的条件是列车完成折返作业）的电话报点记录、接车线路准备妥当后，方可同意闭塞（当变更固定接车线路时应说明接车线路）。

5）单个联锁区故障时，非故障车站（故障区段的相邻车站）同意闭塞的条件是接车进路准备完毕、接车站台及前方区间空闲。

6）发车站值班站长在查明区间空闲、发车进路准备妥当并取得接车站同意的电话记录号码后，方可通知站台值班员填发路票。站台值班员向驾驶员交付路票后，方可显示发车信号。

7）故障联锁站正线上的道岔均要开通正线，并使用钩锁器锁定；两端站的折返道岔在确认位置正确后，使用钩锁器（但只挂不锁）。列车进行折返作业时按调车方式办理，

车站准备好进路后发车手信号通知驾驶员，不办理路票，列车凭车站发车手信号进出折返线。

8）发车信号显示时机：站台值班员接到站控室值班站长填写路票的命令并复诵正确，向驾驶员交付路票后，确认乘客乘降完毕后，向驾驶员显示发车信号。

9）当列车动车时，立即向前方站报开点；当列车出清站内线路后，再向后方站报线路开通点（列车开点）。

10）值班站长要通过CCTV加强对站台值班员工作的监控，防止错误办理发车手续。

11）交接路票时必须核对的内容有：日期、车次、区间、闭塞号、行车专用章和签名等。

12）值班员接车从驾驶员处回收路票后须及时打“×”并上交。

13）电话闭塞法发车作业程序见表2-1。

**表2-1 电话闭塞法发车作业程序**

| 程　序 | 作业标准 | |
|---|---|---|
| | 值班站长 | 值班员 |
| 一、请求闭塞 | 1. 根据《行车日志》及调度命令确认区间线路空闲（第一趟列车与行车调度员、接车站共同确认） | |
| | 2. 向前方站请求闭塞：“××次请求闭塞” | |
| 二、准备发车进路 | 3. 通知值班员：“准备××次×道（上/下行线）发车进路” | 4. 复诵“准备××次×道（上/下行线）发车进路” |
| | 5. 将进路上的道岔开到正确位置并加锁，确认正确后，向值班站长报告“××次×道（上/下行线）发车进路好了（线路出清）” | 6. 听取汇报，复诵“××站××次×道（上/下行线）发车进路好了（线路出清）” |
| 三、办理闭塞 | 7. 复诵：“电话记录××号，同意××次闭塞” | |
| | 8. 填写《行车日志》 | |
| | 9. 通知行车值班员填写路票 | 10. 根据值班站长命令填写路票并向值班站长复诵 |
| | 11. 指示行车值班员向驾驶员交付路票后显示发车信号 | 12. 向驾驶员交付路票后，确认乘客乘降完毕，列车车门关闭后向驾驶员显示发车信号 |
| | 13. 列车出清站台区后，向车控室报“××次出发” | 14. 复诵“××次出发”，填写《行车日志》 |
| 四、列车发车 | 15. 列车出发后，向前方站（接车站）（行车调度员）报点，“××次××分开”。当列车尾部越过站台端墙后，向后方站报点，“电话记录××号××次××分开”。开通区间 | |
| 五、开通区间 | 16. 复诵前方接车站“电话记录××号××次××分开”，填写行车日志，开通区间 | |

14）电话闭塞法接车作业程序见表2-2。

**表2-2 电话闭塞法接车作业程序**

| 程序 | 作业标准 | |
|---|---|---|
| | 值班站长 | 值班员 |
| 一、听取闭塞车请求 | 1. 听取后方站发车请求、复诵“××站××次请求闭塞” | |
| | 2. 根据《行车日志》（或通过LOW、CCTV）及调度命令确认站内线路空闲和区间线路空闲（第一趟列车与行车调度员、发车站共同确认） | |
| | 3. 根据《行车日志》确认后方站线路空闲和区间线路空闲（第一趟列车与行车调度员、后方站共同确认） | |
| 二、检查及准备进路 | 4. 指示值班员（站务员）：“检查×道，准备××次×道（上行或下行线）接车进路” | 5. 复诵“检查×道，准备××次×道（上行或下行线）接车进路” |
| | 6. 将进路上的道岔开到正确位置并加锁，向值班站长报告“××次×道（上/下行线）接车进路好了（线路出清）” | 7. 听取汇报后，复诵“××次（×道，上行或下行线）接车进路好了（线路出清）” |
| 三、同意闭塞 | 8. 通知发车站“电话记录××号×分同意××次闭塞”，填写《行车日志》，准备接车 | |
| 四、接车 | 9. 听取发车站的发车通知复诵：“××次××分开”，填写《行车日志》，并向前方站请求闭塞 | |
| | 10. 布置值班员“××次列车开过来了，准备接车” | 11. 复诵“××次列车开过来了，准备接车”，监视列车进站停车 |
| | 12. 列车对位停车后，向值班站长报“××次列车到达” | 13. 复诵“××次列车到达”，填写《行车日志》，向行车调度员报点 |
| 五、开通区间 | 14. 列车本站开出后，向发车站报点“电话记录××号××次××分开”。开通区间 | |

15）车站显示发车信号的地点在站台适当位置（CCTV能监控的地点），辅助线在与驾驶员联系后适当地点显示信号，并及时避让到安全地点。

## 四、电话联系法的行车组织

车场与正线连接站间信号故障时，车场与车站间采用电话联系法组织行车。

1）行车调度员向车站/场发布执行电话联系法的口头命令后，车站或车场通知驾驶员调度命令的内容，由车站值班站长/值班员与行车调度员共同确认第一趟发出的列车运行前方的区段空闲。

2）转换轨区段及车站（场）的接车线路内只允许一趟列车占用，列车进出场的行车凭证为电话记录号码。

3）车站值班站长和信号楼值班员共同确认转换轨区段及车站（场）的接车线路空闲、准备好接车线路后，才可以发出同意接车的电话记录号码并说明接车线路。发车场

（站）接到接车站（场）同意发车的电话记录号码，填写路票并核对无误后，将电话记录号码和接车线路通知驾驶员。

## 五、使用路票和电话记录号码的补充规定

1）已办妥闭塞因故不能接车或发车时，立即发出停车手信号进行防护，由提出一方发出电话记录号码作为取消闭塞的依据。

2）列车由站间的途中退回发车站时，由发车站发出电话记录号码作为取消闭塞的依据，并及时向行车调度员报告。

3）取消闭塞用语：请求取消×次闭塞，同意取消×次闭塞，电话记录×号，×分取消×次闭塞。

4）路票作为行车凭证有一定严肃性，不得随意涂写、撕毁，作废路票需写明作废原因并做成记录连同废票交接保管备案。

5）路票填写如有增添字句及涂改，均应作废，须重新填写。

6）路票必须按顺序逐张使用，路票由值班站长（行车值班员）亲自签发，并对路票的电话记录号码、车次、方向、站印、日期、当班行车值班员姓名进行确认。

7）发车进路未准备妥当不允许填写路票。

8）如在办妥电话闭塞手续后，行车调度员临时下令因故取消站间电话闭塞时，对已填发的路票应打“×”注销。

9）车控室应经常保持不少于500张加盖行车专用章的路票。

10）车站必须设专人负责路票，按顺序核对、保管和领取，打“×”作废的路票应集中保管30天后自行销毁。

11）电话记录号码自每日零时起至24时止，按日循环顺序使用。

12）路票填写的日期以接车站承认闭塞时间为准，零时前办理的闭塞，驾驶员如在零时后收到路票仍视为有效。

13）号码一经发出无论生效与否均不得重复使用。

## 六、人工排列进路

### 1. 人工排列进路的作业程序

值班员和站台安全员携带的工具有：信号灯/旗、手摇把、道岔钥匙、钩锁器、扳手、对讲机、无线调度电台、手电筒。着荧光衣、戴上手套。下线路前须得到行车调度员的允许，人工准备进路必须从距车站最远的道岔开始，从远到近依次排列；现场确认道岔，需要转向时应一人操作，一人防护、确认。

操作者用工具按正确程序打开盖孔板，手摇道岔，准备好进路，另一人确认道岔位置正确后加锁；确认进路上各道岔的开通位置时，相互用对讲机联络，同时用手信号显示正确情况；当上（下）行线路的进路准备妥当并出清线路后，报告站控室（对讲机工作盲区可由行车调度员中转），再准备下（上）行线路进路；值班站长接到进路准备妥当、线路出清的汇报后，立即做好相应线路的接车或发车准备工作并报告行车调度员。

**2. 手摇道岔工作必须严格执行“手摇道岔六步曲”**（图2-2）

一看：看道岔开通位置是否正确，是否需要改变位置。

二开：打开盖孔板及钩锁器，拆下钩锁器。

三摇：摇道岔转向所需的位置，在听到“咔嚓”的落槽声后停止。

四确认：尖轨密贴开通×位并和另一人共同确认。

五加锁：另一人在确认道岔位置开通正确后，用钩锁器锁定道岔尖轨。

六汇报：向站控室汇报道岔开通位置正确。

**图2-2 地铁工作人员正在手摇道岔**

## 七、LCP控制盘的使用

在LCP可以进行上下行线路的紧急停车、扣车、灯泡试验等操作；紧急停车的作用范围为车站站内轨道区段及其出站方向第一个轨道区段。

### 知识拓展——LCP盘的操作

| 操作 | | 步骤 | 操作反应 |
|---|---|---|---|
| 紧急停车 | 设置紧急制动 | 1. 按压紧急停车按钮 | 紧急停车电铃响，紧急停车指示灯亮红灯 |
| | | 2. 按下切断报警按钮 | 紧急停车电铃不响 |
| | 取消紧急制动 | 1. 按压取消紧急停车按钮 | 紧急停车指示灯灭灯，电铃响 |
| | | 2. 再按下切断报警按钮 | 电铃不响 |
| 扣车 | 扣车 | 按下扣车按钮 | 如果发车时间表示器中断，扣车指示灯亮红灯。如果设置好停车点，运行停车点指示灯亮黄灯 |
| | 取消扣车 | 1. 按下终止扣车按钮 | |
| | | 2. 再按下扣车按钮 | 扣车指示灯闪光。运行停车点表示灯灭 |
| | | 3. 再按下终止扣车按钮 | 扣车指示灯灭灯 |
| 灯泡试验 | | 按压灯泡试验按钮 | 两个指示灯亮灯 |

注：当行车调度员扣车时，红色指示灯常亮；车站扣车时，红色指示灯闪亮。

## 思考题

1. 车场与正线连接站间信号故障时，采用什么方法组织行车？
2. 人工排列进路的作业程序中需要携带哪些工具？
3. “手摇道岔六步曲”有哪六步？

# 第二节　行车标准

## 一、行车用语要求

工作人员必须在对话前先报出自己的岗位名称。对于交代的任务必须复诵，禁止用“明白”代替。行车用话必须用普通话，吐字清晰，语速适中。

## 二、从轨道拾物的程序

**1. 掉下轨道的物品影响行车**（如高出轨面）

站台安全员发现后，马上按压紧急停车按钮，同时向车控室报告；并安抚乘客，防止乘客跳下轨道拾物；行车值班员知道有物品掉下轨道危及行车安全后，必须马上按压紧急停车按钮，并立即向行车调度员汇报，同时必须迅速问清线路情况，说明物品是否影响行车安全；行车值班员报告，并经其同意后，值班站长马上赶往事发现场，指挥处理，安排人员从站台两端的楼梯或使用落轨梯下轨道拾回物品；物品拾上来后，值班站长要确认线路出清，行车值班员及时取消紧急停车，并向行车调度员汇报，如图2-3为一名男子在拾掉入轨道的物品时坠入轨道。

图2-3　一名男子在拾掉入轨道的物品时坠入轨道

**2. 掉下轨道的物品不影响行车时**

站台安全员立即安抚乘客，防止乘客跳下轨道拾回物品，同时向车控室报告，说明物品不影响行车安全；车控室通过CCTV观察到有物品掉下轨道或接到站台报告后，立即询问站台安全员线路情况，确认后及时向行车调度员汇报，并说明物品不影响行车安全。须马上拾回物品时的操作程序：当列车未来时，经行车调度员同意，做好防护，用夹物钩拾起物品或下轨道拾回物品；当列车到站时，待列车开离车站后，行车值班员向行车调度员申请拾回掉下轨道的物品；取得行车调度员同意后，行车值班员在LCP盘上按相应线路的紧急停车按钮做好防护，并安排人员用拾物钳或使用落轨梯下轨道拾回物品；站台安全员将物品拾上来后，出清线路，向车控室汇报。行车值班员及时取消紧急停车，并向行车调度员汇报。

### 三、使用落轨梯的规定

使用落轨梯的要求：落轨梯必须放于站台区域备品库，钥匙由站台安全员持有。使用落轨梯必须经行车值班员同意，且在使用前，行车值班员必须提醒员工注意安全。落轨梯在搬运过程中，应平举，严禁高举，避免接近触网时发生触电事故；放下轨道时，必须保证落轨梯与站台平面的夹角小于45°，以防人员触电，严禁以垂直方式放下落轨梯；落轨梯放下轨道后，必须检查是否靠牢在站台边缘，防止滑动，造成上下人员摔倒受伤。

**知识拓展**

语言规范

1. 开口第一句必须用普通话。
2. 禁止使用“喂”招呼乘客。
3. 有问必答，不能说“不知道”“没办法”“没有人”等。

**思考题**

1. 行车标准用语有哪些？
2. 如有物品掉下轨道应如何处理？
3. 使用落轨梯的要求？

## 第三节　车站设备操作

### 一、通信设备

车站通信设备包括调度电话、站间电话、公司程控电话、隧道电话、无线调度电话和对讲机等。

**1. 调度电话**

在车控室里有调度电话、车站调度电话、环控调度电话。调度电话是专线电话，具有录音功能，只要拿起电话即可与中央调度员联系。

**2. 站间电话**

在车控室内设站间电话，可与邻站联系，也可以与隧道电话联系，无录音功能。

**3. 公司程控电话**

车控室内、售票亭、监控亭等管理用房设有公司程控电话，用于公司内部联系，在紧急情况下可直接拨打“119”，但有部分电话为五位数的站内电话，只能用于站内联系。

**4. 隧道电话**

隧道内每隔200m设有一台电话，打开电话盒，直接接通所属车站的站间电话主机，也可经过转换开关或转换钥匙转换模式后接通五位数的程控电话，如图2-4为隧道电话。

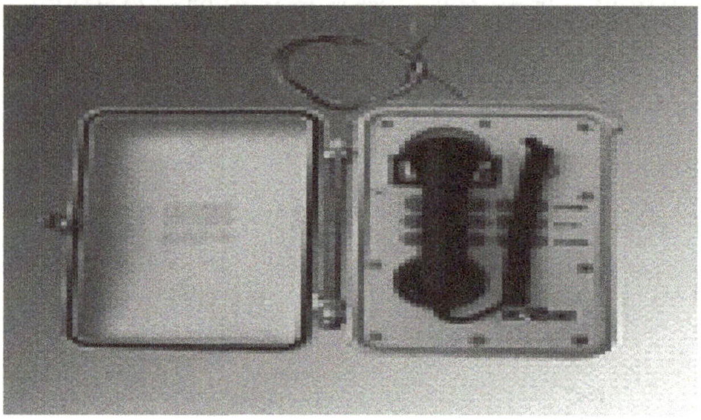

图2-4　隧道电话

**5. 无线调度电话**

一条线路的车站各配备一台无线调度手机，可在车站、隧道直接与行车调度员通话。

**6. 对讲机**

车站配备若干对讲机给行车、客运相关岗位使用。

## 二、防灾报警系统（FAS系统）

**1. FAS系统**

FAS系统车站设备主要包括：CS11主机、LMS中文图形显示、充电机、光电感烟探测器、感温探测器、线形感温电缆、手动报警按钮和消防电话等。

FAS系统和自动气体灭火系统设有接口，接收气体灭火系统的故障信号和每个保护区的预警信号、报警信号、喷放信号、手/自动信号。FAS与BAS、通信、给排水、环控设备设有接口。

（1）车站FAS系统的运行方式

FAS系统在正常情况下处于广播、系统手动联动状态，在人员暂时离开时将控制显示联动板上的广播切换和系统切换旋钮切换到自动联动状态。当FAS系统处于广播、系统手动联动状态时，FAS系统确认现场有火警后只进行报警，不进行相应的广播及系统设备联动。当确定是火灾后，首先人为用钥匙将控制显示面板上的系统封锁旋钮切换到正常位置，然后在控制显示面板上人为用钥匙进行以下操作：

1）系统切换旋钮切换到自动状态，系统将启动系统联动设备。

2）广播切换旋钮切换到自动状态，系统将启动消防广播。

3）当FAS系统处于广播、系统自动联动状态时，在系统确认火警后进行报警并自动进行消防广播及自动启动系统联动设备。

（2）车站级FAS系统火灾报警处理流程　在FAS系统正常运行期间，CS11操作盘（图2-5）有声报警，报警灯长亮，②处红色报警灯全亮，另有长响蜂鸣声，同时④处灯闪烁，为报火警。

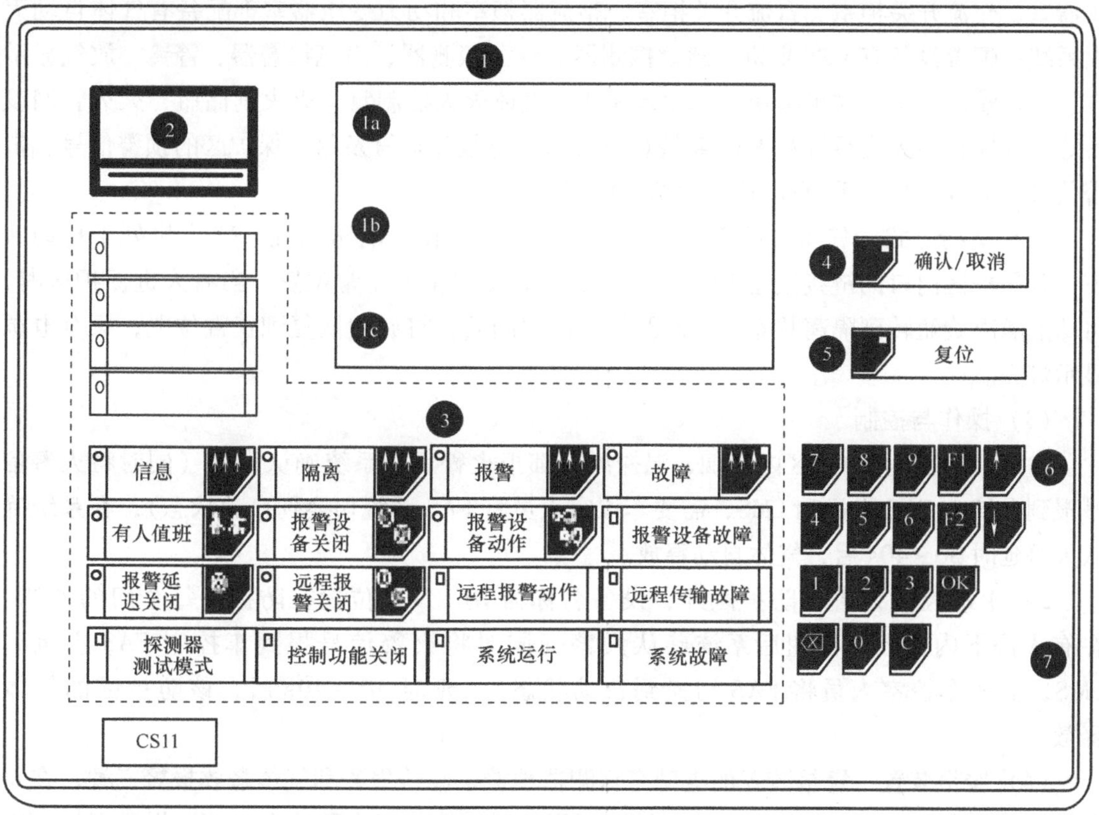


图2-5　CS11操作盘

首先在LMS中文图形显示上或CS11操作盘上③的报警栏内查看火警位置，再按④确认键进行确认。利用对讲机或其他方式通知临近人员立即查看现场。如是火警，当确定是火灾后，首先人为用钥匙将控制显示面板上的系统封锁旋钮切换到正常位置，然后在控制显示面板上人为用钥匙进行以下操作：

1）系统切换旋钮切换到自动状态，系统将启动系统联动设备。

2）广播切换旋钮切换到自动状态，系统将启动消防广播。在信息栏内有正常反馈信号。值班人员查看联动设备是否有正常反馈，并按照火灾模式表，在信息栏内和控制显示联动板上确认防火阀、防火卷帘门及风机等有正常反馈。若无正确反馈，在 CS11 操作盘上或控制显示联动板上手动启动设备。完成灭火及排烟后按照要求将系统复位。如发现是假火情，则按⑤键进行复位。

（3）手动启动火灾模式　当各车站需要手动启动火灾模式进行防排烟时，可以在烟雾区内按下最近的手动报警按钮，并将车控室内的控制显示联动板上旋钮置于自动位置，实现防排烟联动功能。

**2. 气体自动灭火系统**

（1）气体自动灭火系统设备概况　地下车站的通信设备机房（含通信电源室及通信电缆间）、信号设备机房（含信号电源室）、牵引降压混合、降压及跟随变电所、整流变压器室、交流开关柜室、直流开关柜室、整流器柜室和动力变压器室都配备有气体自动灭火系统；配置设备有 EST 主机、感烟探测器、感温探测器、声光报警器、警铃、放气显示灯、输入输出模块、输出模块、单输入模块、气体灭火控制盘、灭火剂储瓶、灭火管网设备等；气体自动灭火系统和 FAS 系统设有接口，将故障信号及每个保护区的预警信号、报警信号、喷放信号、手/自动信号送给 FAS 系统。

（2）运行方式　气体自动灭火系统应 24h 正常工作；消防系统 EST 主机处于自动状态；各保护区门口的链接按钮 REL 上的功能隔离旋钮位于正常位置。当有人进保护区时，将功能隔离旋钮转到隔离状态，当离开保护区房间后，将旋钮恢复到正常位置；只有电源显示灯亮。

（3）操作与控制

1）自动控制。防护区内的烟、温探测器都报火警后，系统确认火警（同时将火警信号报到车控室 FAS 主机和 LMS，需要车控室人员将 FAS 系统切换到自动状态），在系统确认火警延时 30～40s 后，气体自动释放。

2）手动控制设置在防护区外，设备名称为 REL，其位置在防护区每个门的外侧。在有人按下内部启动按钮后系统确认火警（同时将火警信号报到车控室 FAS 主机和 LMS，需要车控室人员将 FAS 切换到自动状态），延时 30～40s 后，该防护区的气体释放。

（4）警报装置　警报装置的类型有探测器预警、确认报警和气体释放报警三种；在每个防护区内有警铃。当防护区内一个探测器报警后，保护区内警铃会报警，提示现场可能有火情；在每个防护区内外分别安装了声光报警器。当防护区内有两个探测器报警后，系统确认火警，保护区内外的声光报警器发出警报声响，提示现场有火情；在每个保护区门外侧上方装有气体释放指示灯，气体释放时，灯自动点亮，提示防护区外人员气体正在释放，不能进入。

（5）紧急停止按钮　紧急停止按钮的位置和数量与现场启动按钮的位置和数量是对应的，在延时时间内压下紧急停止按钮可以阻止气体释放，松开后气体仍然能释放。紧急停止按钮在系统延时时间内压下能起到阻止气体释放的作用，但超出延时时间后压下紧急停止按钮则无效。

## 三、环境与设备监控系统（BAS）

**1. BAS 报警信息的处理**

当发现有报警信息时，应及时处理，点击查看汇总，确认是否需要报告环控调度。

1）对于7级（最低级）报警，直接确认即可。

2）对于6级（设备故障）报警，应报环控调度，由环控调度根据实际情况处理。

3）对于4级（区间阻塞）报警，主要依赖OCC来处理，在自动处理失去作用时，要根据环控调度人员的要求开启相应的TVF风机，并注意风机的转向；隧道阻塞监控画面如下，当线路处于正常状态时，上下行列车显示为正常运行的动画，当阻塞事故发生时，列车停在对应事故区间位置，并闪烁，同时阻塞隧道也出现红色闪烁。

4）对于2级（区间火灾）报警，在确认火情后，OCC向车站发送相应的火灾模式信号，启动排烟，在自动失去作用时，站务人员要手动按下对应IBP盘上的按钮（车控室操作台右边的红色按钮）。

5）对于1级（车站火灾）报警，通过FAS、BAS接口程序接收FAS发送的火灾模式信号，启动排烟。在自动失去作用时，站务人员要手动按下对应IBP盘上的按钮（车控室操作台右边的绿色按钮，该按钮上方的红色小灯会亮起）。当接收到火灾信号时，对应的模式，会变为红色。点击火灾模式画面中的模式N（N表示对应的火灾模式信号）按钮，可显示该模式对应的设备动作状态，便于对火灾模式下设备情况的监控。

6）4级（包括4级）以上的报警属于灾害情况，声光报警器会动作；另外BAS同一时间只能执行一个灾害模式，在未复位以前，对于再给出的灾害模式信号，BAS不会执行。

**2. BAS 通风系统**

BAS通风系统为空调大系统设置有五种模式：

0——停运；

1——只排不送；

2——只送不排；

3——全新风；

4——最小新风。

BAS通风系统为空调小系统设置有三种模式：

0——停运；

1——通风；

2——空调。

BAS通风系统为隧道通风系统设置有两种模式：

0——开式运行；

1——闭式运行。

## 四、电扶梯的操作

**1. 电扶梯的操作要求**

电扶梯必须由受过正确培训的操作人员进行操作，操作时必须严格按规定程序执行；电扶梯专用钥匙须由专人保管，除操作、维修人员及相关责任人及授权人员外，不得借出。电扶梯控制箱钥匙及电扶梯三角钥匙只有专业维保人员可借用，特殊情况下由相关责任人及授权方可借出；必须使用专用钥匙对电扶梯进行开关操作，操作完毕后，不得留在电扶梯开关上，如图 2-6 所示为地铁电扶梯。

图 2-6　地铁电扶梯

**2. 电扶梯的操作方法**

（1）正常情况下，在进行启动、停止、换向操作前，必须确保梯级和扶手带上没有人或物。

（2）启动前的准备工作：确认上下出入口踏板及不锈钢装饰板位置正确，无破损；确保梳齿板和梯级无缺齿，梯级凹槽内及梯级周边缝隙内无杂物；确认粘贴在扶梯出入口处的检验合格证、使用说明清晰明确无破损，警示标志完好，位置正确。

（3）启动操作步骤

1）将钥匙插入运行开关，一次向需运行方向旋转约 60°，放松钥匙使其自动复位。如希望电扶梯在节能自动运行方式下运转，在两秒内向需运行的方向连续旋转—放松—旋转—放松即可。

2）电扶梯启动后，将钥匙拔出。

3）试乘电扶梯，确认无异响及异常振动，扶手带无裂痕且与梯级同步，如有异常，应立即按下紧急停车按钮，并通知维修人员。

（4）正常停梯操作步骤

1）将钥匙插入运行开关，向正在运行方向的反方向旋转—放松一次，将钥匙旋至零位拔出。

2）电扶梯完全停止后，检查外观有无破损，并请保洁人员清洁电扶梯。

3）换向运行操作步骤将钥匙插入运行开关，向运行方向的反方向旋转—放松一次。

4）电扶梯完全停止后等待半分钟，再向需运行方向旋转一次。

5）待电扶梯正常运行后，将钥匙拔出。

（5）紧急停梯操作步骤（正常情况下必须使用钥匙开关电扶梯，严禁非紧急情况使用紧急按钮停梯）

1）发生紧急情况须使用紧急停车开关时应先大声警示乘客“紧急停止抓紧扶手”，再按下紧急停车按钮。

2）确认人员及设备状况，采取相应应急措施。

3）扶梯运行期间操作人员应尽量经常巡查设备状况，发现问题及时报告，如无把握可先关停设备，询问专业维保人员后再行处理。

4）停运后必须清洁电扶梯外观，特别是梯级周边和扶手带周边。

5）清洁时，标贴和警示牌板只需轻轻擦拭即可，尽量保护字体及底色。

（6）紧急情况下的应对措施　当发生紧急情况（例如乘客摔倒或手指、鞋跟被夹住）时，应立即呼喊梯级出入口处的人员按动红色紧急按钮，停止电扶梯运行。正常情况下勿按动此按钮，以防突然停止使其他乘客因惯性而摔倒。发生火灾、地震、水淹事故（例如水管破裂）时，请勿搭乘扶梯，应通过消防楼梯疏散。

**3. 电梯的操作方法**

（1）电梯开放使用前的准备

1）检查电梯各层站有无漏水、漏电现象，如有须通知维修人员检查后方可使用。

2）确认“乘客须知”清晰，报警电话号码明确清晰。

3）确认警铃功能完好，报警电话畅通、声音清晰。

4）用钥匙将开关旋至正常运行位，试乘电梯至所有层站，做试运行。如有异常应通知维修人员检查修复后方可使用。

5）检查内外控制按钮功能，各类显示是否正确。

6）确认轿厢及层门地坎清洁无异物。观察开门、防夹光幕、照明、通风、启动和平层等各项功能是否正常，有无异响异味。

（2）电梯使用期间的操作　开放使用期间操作人员应经常巡检试乘电梯。

（3）电梯的关停　关停电梯时，将钥匙开关旋至锁梯位置，轿厢会自动运行至基站并开门，后自动关门进入锁梯状态，操作人员必须确认轿厢内无人方可离开。

（4）电梯操作要求

1）严禁乘客吸烟、乱丢杂物、乱按控制按钮、倚靠轿厢门、携带危险品、携带超重超长物品。

2）电梯受控层必须在被控楼层用受控层钥匙开启后方可使用。

3）清洁电梯时须使用较干的洁具，以免设备部件潮水损坏。

4）火灾时，乘客疏散完毕后按下车控室控制台中间上部的电梯消防开关，进入消防模式。旋转蘑菇头可使开关复位。

5）如需长时间开门，可按轿厢内的开门按钮或本层的外呼按钮，请勿长时间站在门中间挡门而导致死机。

## 五、低压配电照明

**1. 照明分类**

低压配电照明包括广告照明、一般照明、节电照明、区间隧道照明和出入口照明。运营时间内打开一般照明、广告照明和节电照明；非运营时间内关闭一般照明、广告照明。

**2. 照明控制方法**

照明控制方法主要有照明配电集中控制和就地控制两种。

1）照明配电集中控制：由车控室及车站低压室控制，可对站厅、站台公共区、出入口、广告灯箱、隧道内（上、下行线）进行照明控制。

2）就地控制：车站各设备及工作用房一般照明设就地开关箱、盒，可以控制相应设备及工作用房的一般照明，区间隧道一般照明可在隧道两端入口下轨道附近区间隧道照明配电箱控制，或直接在照明配电室通过开关箱（盒）控制。

### 知识拓展——北京地铁电扶梯发生故障

2011年7月5日上午9：36，地铁四号线动物园站A口上行电扶梯发生设备故障，造成29名乘客受伤（图2-7）。京港地铁公司立即启动相关应急预案，受伤乘客均已送往医院检查抢救，共造成1人死亡，2人重伤，26人轻伤。政府相关部门已组成事故调查组，对事故原因进行调查，并要求地铁运营企业立即对设备设施进行安全隐患排查，确保地铁运营安全。

图2-7　事故发生现场

## 思考题

1. 车站通信设备包括哪些?
2. 气体自动灭火系统如何操作与控制?
3. 电扶梯操作方法有哪些?
4. 电梯操作方法有哪些?

# 第三章

# 车站票务管理

学习目标

1. 车站员工票务职责。
2. 车站的现金管理。
3. 特殊情况下票务的处理。

## 第一节 车站员工票务职责

### 一、站长

车站站长的职责为：

总体负责车站的票务管理工作，确保车站的票务运作顺畅；负责车站的车票、现金和票务备品的安全；处理票务紧急情况；监督、检查、指导和落实车站员工的票务工作；必要时，处理乘客的票务纠纷；保管部分备用票务钥匙；定期召开车站票务工作例会，查找问题，制订预防补救措施，向中心提出票务工作的建议。

### 二、值班站长

值班站长的职责有：

具体负责本班的车站票务管理工作，确保本班的票务运作顺畅；具体负责本班的车票、现金、票务备品安全；负责安排票务巡查工作；负责监控 SC 的运作；负责补币的监督工作；处理票务紧急情况，并及时上报相关部门或单位；检查、监督、落实本班员工的票务工作；必要时，处理乘客的票务纠纷；保管部分票务钥匙；负责跟踪 AFC 设备的运作，并做好记录，发现问题及时通知维修；负责票务管理相关通知、规定的传达、监督执行和检查；每月定期向站长汇报票务工作，反映票务工作的真实情况，提出票务工作建议。

### 三、客运值班员

客运值班员的职责有：

负责在运营开始前开启车站 AFC 设备，并监控 SC 的运作；负责安排 TVM 钱箱、票箱的更换、补币和补票工作；保管车站的车票、现金、票务备品和部分票务钥匙，并负责其安全和完整性；完成本班的票务报表、账册，并审核上一班的报表；负责车票、报表的接收、上交等工作；负责钱箱清点的工作；负责车站票款的解行；负责每月报表的装订和存档；安排并监督售检票人员的票务工作；处理与乘客相关的票务事宜；处理简单的 AFC 设备故障。

### 四、行车值班员

行车值班员的职责主要是负责监控 SC 的运作，协助处理票务紧急情况。

### 五、站台安全员

站台安全员的职责有：

引导乘客正确操作票务设备；负责售票/问询处的工作；检查乘客车票的有效性；完成相应票务报表的填写；巡视车站 AFC 设备的运作情况；处理与乘客相关的票务事宜；处理简单的 AFC 设备故障；协助处理票务紧急情况；完成上级布置的其他票务工作。。

### 思考题

1. 站长负责的工作有哪些?
2. 客运值班员负责的工作有哪些?
3. 站台安全员负责的工作有哪些?

## 第二节　现 金 管 理

### 一、现金流程

地铁车站运营中流通性最大的就是现金，现金是从哪里来？在地铁车站中又流向哪里去？如图 3-1 所示为地铁现金流程图。

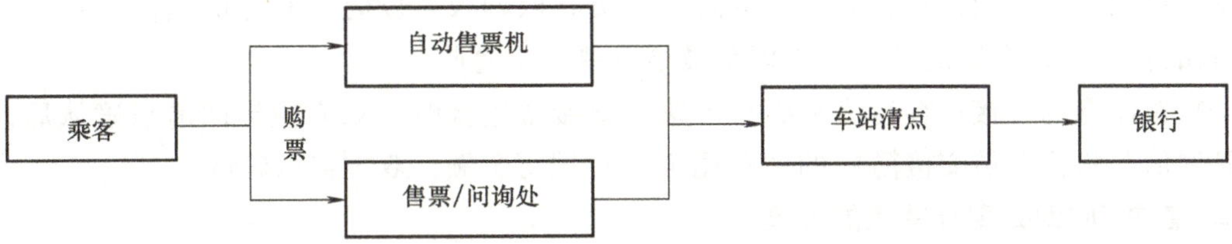


图 3-1　地铁现金流程图

### 二、现金的日常安全管理

现金的日常安全管理应遵循以下原则：

车站现金只能存放在车站现金安全区域，如点钞室、售票/问询处和 TVM 等；车站现金安全区域在操作时必须做好安全保护，非操作时必须处于安全锁闭状态；售票/问询处营业时，应将现金存放于专门的现金抽屉或器皿中，不得将现金放在乘客可触及的地方；点钞室内处理完毕的现金，客运值班员应立即放入上锁的保险柜中；现金需从一个安全区域转移到另一个安全区域或者送银行解款时，必须做好途中安全保护，降低现金被劫的风险；运营时间内，非当班票务工作人员或非票务工作人员需进入点钞室和售票/问询处时，必须经车站一定级别人员（班值班站长及以上人员）的许可，并由一名当班客运值班员或以上级别的员工陪同方可；除需在点钞室进行现金处理，在非运营时间任何人员不得进入点钞室（当班客运值班员除外）；点钞室摄像监控设备必须24h开启，票款的清点、交接必须在监控下进行，票款在清点后应立即放入保险柜内保管。

## 三、车站的现金运作处理

**1. 现金的交接**

（1）现金交接原则

1）纸币：在监控范围内，双方当面清点金额后签认交接。

2）硬币：在监控范围内，对已加封的硬币交接时，确认加封正确完好后可凭加封金额交接；对零散硬币按实点数交接。

（2）客运值班员之间的现金交接　接班客运值班员应依据《客运值班员交接班簿》上的记录，在监控范围内与交班客运值班员当面清点点钞室内所有现金、核对封包数量及金额等，确认无误后进行签收；交接时若发现数目有误，应立即报告站长或当班值班站长到点钞室确认，同时按实际数量进行签收。站长或值班站长应及时上报站务、票务和安保部门并调查处理此事。若差额原因无法查明，则所短款项由交班人补足，长款随当天票款解行。

（3）客运值班员与售票员之间的交接

1）结账时的票款交接：客运值班员与售票员在监控范围内当面清点所收款项后，以实点数填写《售票员结算单》的“解行金额”栏，双方签章确认，现金交由客运值班员保管。

2）预收票款的交接：客运值班员向售票员收取预收票款时，双方应当面清点和交接所预收的款项后，客运值班员在“售票员结算单”上签收。

3）备用金的交接：客运值班员与售票员交接备用金时，双方应当面清点确认后，在《车站客值与售检票员交接簿》的“备用金”栏填写金额，双方盖章确认。

**2. 售票/问询处现金票款的处理**

为降低车站售票/问询处现金保管风险，客运值班员应根据售票员的票款收入情况向售票员预收票款，确保售票/问询处的纸币现金不超过2000元。售票员每班工作结束后，应将所有现金放入上锁的售票盒，到点钞室与客运值班员共同清点。

**3. TVM现金的处理**

（1）钱箱的更换

1）TVM的钱箱分纸币钱箱和硬币钱箱。由客运值班员负责安排更换TVM钱箱。更换钱箱完毕后，须确认自动售票机已恢复正常服务状态。更换完毕后立即将钱箱送返点钞室。

2）更换纸币钱箱、硬币钱箱打开 TVM 维修门（凭操作卡和 TVM 钥匙）时必须输入指定密码和操作员号码登录，严禁同时操作多台设备。

3）更换纸币钱箱、硬币钱箱的操作由客运值班员和值班站长（站务员）共同完成。客运值班员负责具体操作，值班站长（站务员）负责监督和安全保护，同时须在《TVM 清点记录》上记录设备相关数据。

4）更换钱箱的时机：SC 提示 TVM 钱箱将满时；本站最后一列载客列车开出后的规定时间内。

5）更换钱箱的注意事项：更换钱箱的工作须在车站计算机设置的系统运营结束时间之前全部完成；每日运营结束后，必须更换所有投入服务的 TVM 的钱箱；各站结合本站具体情况制订更换钱箱的固定线路。

（2）钱箱的清点

1）由当班客运值班员和值班站长双方进行钱箱的清点工作，值班站长负责监督，客运值班员负责清点。清点钱箱时必须在点钞室监控状态下进行，由客运值班员填写《TVM 清点记录》及《站务员缴款单》，将票款封入专用封包。双方在封签上签名后由客运值班员放入保险柜保管。

2）在清点过程中若发现钱款有明显的失真特征或可通过验钞机识别为伪钞的，值班站长确认后做好记录，与客运值班员双方签字确认加封后（加封内容为日期、车站名、设备号、伪币种类、金额、数量、值班站长与客运值班员签章），在当日《TVM 清点报告》上备注说明，按实际清点数目解行，并随当日报表一并上交票务中心。票务中心做好记录后每月上报计划财务部。

3）纸币钱箱和硬币钱箱需分开并逐一清点。

4）车站备用金换零工作必须在 TVM 清点完毕后进行，换零时由当班客运值班员和值班站长双人进行，值班站长负责监督。

（3）副找零器的更换

1）TVM 的副找零器分为一元和五角，由客运值班员负责更换 TVM 副找零器。更换完毕后，须确认自动售票机已恢复正常服务状态。更换完毕后立即将副找零器送返点钞室。

2）打开 TVM 维修门（凭操作卡和 TVM 钥匙）时必须输入指定密码和操作员号码登录。

3）更换副找零器的操作由客运值班员和值班站长（站务员）共同完成。客运值班员负责具体操作，值班站长负（站务员）责监督和安全保护，同时须在《TVM 清点记录》上记录设备相关数据。

4）补充副找零器硬币的时机：每天运营结束后车站需进行副找零器的检查工作；运营期间，当 SC 上 TVM 设备状态显示找零器将空或车站工作人员报告 TVM 处于不找零模式时，需及时进行补币。

5）更换副找零器的注意事项：更换副找零器的工作须在车站计算机设置的系统运营结束时间之前全部完成；各站结合本站具体情况制订更换副找零器的固定线路。

（4）副找零器的加币　当班客运值班员与值班站长负责副找零器的加币工作。由客运值班员负责具体操作，由值班站长负责监督和安全工作。客运值班员和值班站长应在点钞室监控状态下进行清点，并进行补币工作，由客运值班员填写《TVM 清点报告》及《TVM 机补币记录表》，双方签字确认。

**4. 收到的其他票款**

1）值班员在收到 AFC 维修人员或站台安全员上交的现金后（在 TVM 出币/出票口或其他地方拾获），必须要求拾获人员在《车站营收日报》上备注并签名。

2）严禁售票员收取 AFC 维修人员或站台安全员上交的现金。

**5. 备用金**

（1）备用金的配发　车站备用金由车站根据客流及其他相关情况提交配备需求，经站务中心审核报分公司计划财务部批准，分公司领导批准后，报票务中心备案，由计划财务部统一配发至车站。车站备用金为固定数额，分为售票员备用金、TVM 机备用金、其他备用金。遇大型节假日可根据需要增配临时备用金，由车站根据预计客流情况确定各车站的临时备用金需求量，按规定提前十个工作日提出申请，由站务中心审核，报计划财务部审批，分公司领导批准后，报票务中心备案。大客流过后，车站须将领用的备用金在五个工作日内交还计划财务部。具体配发流程如图 3-2 所示。

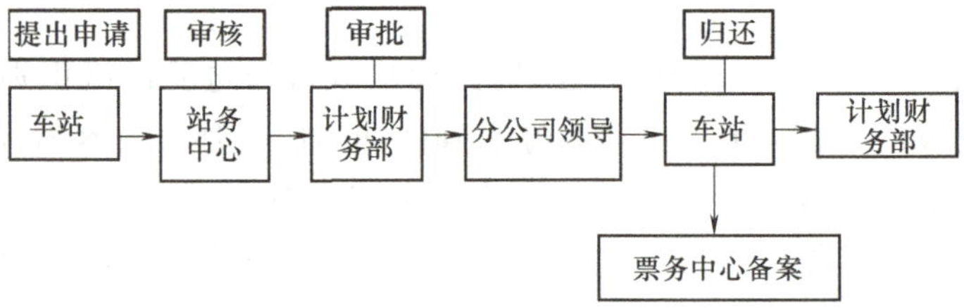


图 3-2　备用金配发流程

（2）备用金的使用　备用金的用途有：与银行兑换硬币；补充到 TVM，满足 TVM 找零需要；车站售票/问讯处的乘客兑零找零；特殊情况下可以站间借用。

（3）备用金的清点与交接

1）车站票务备用金的清点与交接：备用金的清点交接须双方在点钞室内监控状态下进行。在交接备用金时，须双方当面清点，按规定填写交接台账（《车站客值与售检票员交接簿》《车站客运值班员交接班簿》），双方签字确认。

2）与银行兑换硬币，必须双方（其中一名为客运值班员）确认封条正确完好后，开封共同清点。清点后若发现金额不符，应立即报告站长或值班站长到点钞室。开封人及站长或值班站长在《客运值班员交接班簿》备注栏注明并签名确认。

（4）备用金的保管　各站站长为车站备用金的领用责任人，由值班站长和客运值班员负责保管和配发。车站员工因工作调动或其他原因离开本岗位时，应及时办理备用金缴还或移交手续。

（5）车站票务备用金的使用　车站票务备用金的使用应遵循专款专用的原则，不准挪作他用；如遇特殊情况经站务中心主任同意，可以站间临时借用备用金，使用完毕后，应即时归还借出站；如遇其他特殊情况需借用时，须经计划财务部批准方可借用；办理车站备用金借用手续时，由客运值班员填写《车站现金借出记录表》，借出时和归还时均须收齐一式两联，双方签字确认，双方留存。客运值班员在《车站客运值班员交接班簿》上须做相应的借还款记录；借用车站票务备用金的，应在规定期限内归还，逾期未归还的按相关财务管理制度处理。

（6）备用金的补还　车站与银行兑零时发生差错由银行负责多退少补，可由财务部门与银行协商采取按次或按月（季）结算、补还。原则上车站在运作过程中不造成备用金的差额，若特殊情况产生备用金差额时，通过报告形式申请财务补还。

**6. 票款解行**

1）解行方式：打包返纳。

2）解行时间：各站结合本站的特点及银行的服务时间，确定解行时间。

3）解行负责人：车站值班站长和客运值班员，值班站长负责票款的安全。

4）解行流程：核对确认解行人员的身份。当班客运值班员、值班站长与解行人员双方共同确认封包数量、金额与《封包明细表》的一致性，同时需确认《车站收入日报》的“解交银行款”与《封包明细表》的金额相一致。核对无误后，与解行人员办理交接手续。

**7. 假钞的处理**

若员工收取假钞时，原则上实行收取假钞等价赔偿。如有特殊情况，可经站务中心和票务管理相关部门（如财务、票务和安保等）另行讨论决定。

### 思考题

1. 现金交接的原则有哪些？
2. 钱箱的清点工作有哪些？
3. 简述备用金的配发流程。
4. 简述票款的解行方式。

# 第三节　车票管理

## 一、车票种类

乘客使用的地铁 IC 卡车票有普通单程票、储值票、计次票、纪念单程票和纪念计次票；供地铁员工使用的车票；可在地铁使用的一卡通车票及其他票种。

## 二、各种车票的使用规定

**1. 单程票**（图 3-3）

1）购买：在 TVM、POST 或临时售票/问询处售卖。

2）使用：只能在本站进、出闸一次，且当天有效。

3）回收：出站时由出闸机回收。

图 3-3　地铁单程车票

**2. 储值票**（图 3-4）

1）购买：在售票/问询处售卖（储值票统一在 E/S 机上预赋初始值）。

2）充值：在售票/问询处可以对储值票进行充值。

3）使用：车票有规定的有效期，使用该票可在任何地铁站进站乘车，由出闸机按规定票价扣除车费。出闸时车票不回收，可供乘客多次使用。

**3. 一卡通**（图 3-5）

由一卡通公司发行，在地铁里使用相同于地铁储值票。

图 3-4　地铁储值票

图 3-5　北京地铁一卡通车票

**4. 计次票**

1）购买：在售票/问询处售卖；统一在 E/S 机上预赋初始值。

2）使用：车票有规定的有效期，使用该票可在任何地铁站进站乘车，由出闸机扣取次数，不计站数。出闸时车票不回收，可供乘客多次使用。用完为止，不可重复充值。

**5. 纪念计次票**（图 3-6）

1）购买：在地铁实业公司指定的发行点发行。

2）使用：车票有规定的有效期，使用该票可在任何地铁站进站乘车，由出闸机扣取次数，不计站数。出闸时车票不回收，可供乘客多次使用。

**6. 纪念单程票**

1）购买：在地铁实业公司指定的发行点发行。

2）使用：车票有规定的有效期，使用该车票在任何地铁站进站乘车，可乘坐全程，由出闸机按规定票价扣除次数。出闸时车票不回收，只可供乘客使用一次。

图 3-6　地铁香港回归 10 周年纪念计次票

## 三、车票流程

地铁车站车票具体流程（图 3-7）

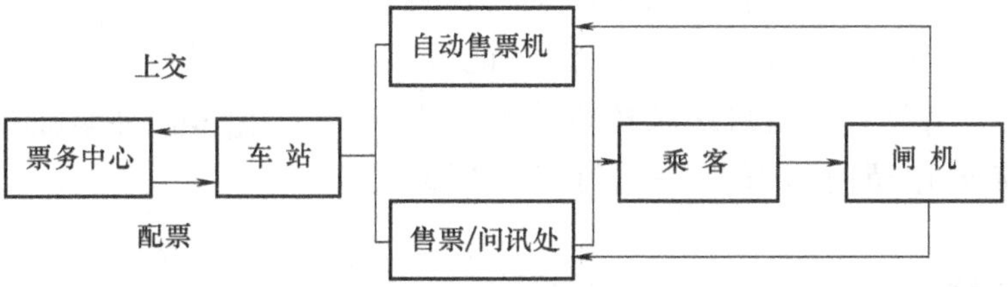


图 3-7　车票流程

注：单程票由闸机回收再由自动售票机售出，储值票可以重复使用，有问题到售票/问讯处处理。

## 四、车票管理

**1. 车票的安全管理**

车票安全管理的相关规定如下：

任何时间，车票只能存放于点钞室、售票/问询处、TVM、POST、出闸机，除非特殊原因，不得在其他地点放置车票；对有值车票，均应根据票种归类存放于上锁的专用文件柜或保险柜中；其他车票应按车票类型（闸机回收票、废票等）归类存放于固定的文件柜；有值车票在运送途中，一律放在上锁的售票盒、票箱或封闭手推车中，由两名员工负责运送及其安全；保管车票时，注意防折曲、刻画、腐蚀、防水、重压和高温。

**2. 车票的加封规定**

车票可以根据车票的种类、性质等需要，使用特制票盒、钱袋或票务专用信封等来加封，也可以使用封条直接对车票加封；对车票实施加封时，应双人一起加封（其中一人须为客运值班员）。加封后，封条上必须注明加封内容（含车票种类、车票数量等）、加封车站、加封人和加封日期；钱袋加封时，应将钱袋口用封条缠绕扎紧加封；使用票务专用信封加封时，应采用“工”字加封（图3-8），放入车票后将信封口封住，再用封条将信封背面的接缝处封住，最后在信封背面封条骑缝处及封面上盖章；使用封条直接对车票加封时，采用“十”字加封法（图3-9），将车票整理整齐后用封条进行直接加封。

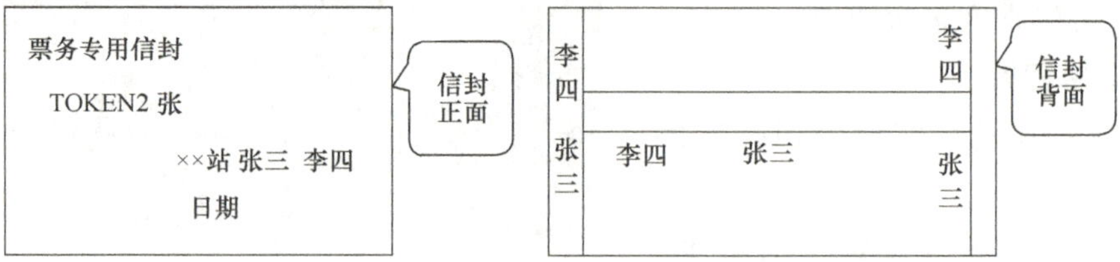


图3-8　工字加封示意图

**3. 车票的开封、清点原则**

车站所有车票的开封、清点须由当班客运值班员与车站人员双人共同完成；对开封后非即时配出的车票，开封人员需及时对清点过的车票按规定双人加封；开封后，发现车票数量或信息有误，开封人员需及时报告站长或当班值班站长到点钞室确认，并在相关台账或交接本上做好记录，车票、封条封存，待站长或值班站长核查清楚后方可使用。车站需要用票时可开另一包封口完好的车票。

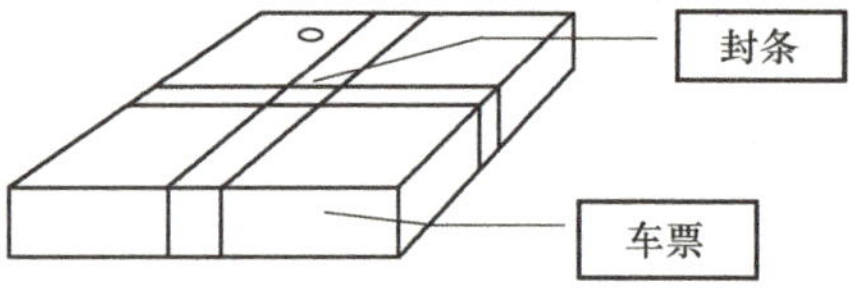


图3-9　十字加封示意图

**4. 车票的交接**

（1）车票的交接原则

1）一卡通车票：一卡通车票必须当面清点车票数量，确认无误后办理签收交接手续。

2）预赋值储值票：预赋值储值票必须当面清点车票数量、确认车票信息无误后办理签收交接手续。

3）计次票：计次票必须当面点清车票数量，确认车票信息无误后办理签收交接手续。

4）预赋值单程票：当班客运值班员与车站另一站务员工负责将预赋值单程票分售出期限、票价，用专用点票机进行清点，确认车票信息无误后办理签收交接手续。

5）编码车票：对已加封的编码票交接时，接班人确认加封正确完好后凭加封数量交接。

6）纸票：对已加封的纸票交接时，接班人确认加封正确完好后凭加封数量、纸票编号交接；对零散的纸票：应当面清点纸票数量以及编号，确认纸票信息无误后办理签收交接手续。对纸票的存根联也应当面清点数量，确认信息无误后办理签收交接手续。

（2）客运值班员之间的车票交接　接班客运值班员应依据《客运值班员交接班簿》上的记录与交班客运值班员当面清点点钞室内所有车票、纸票的数量以及编号，当日的车票上交单、车票配送单，确认无误后进行签收；接班客运值班员应检查每一包车票封装盒的封口是否完好，若有破封的情况或数量与实际清点有误时，应立即报告站长或值班站长，该包车票严禁使用，等站长或值班站长核查清楚后方可使用。车站需要用票时可开另一包封口完好的车票。

（3）客运值班员与售票员之间的交接

1）开窗前的车票交接：单程票客运值班员与售票员当面确认车票信息后，填写“售票员结算单”的“开窗张数”栏；纸票客运值班员与售票员当面清点车票的数量以及编号，客运值班员填写“车票票据配送单”并单独填写“售票员结算单”的“开窗张数”栏、“客运值班员与售票员纸票交接簿”，售票员签字确认。

2）结账时的结余车票交接：单程票客运值班员与售票员当面确认车票信息后，填写“售票员结算单”的“关窗张数”栏；纸票客运值班员与售票员当面清点车票的数量以及编号，客运值班员填写“售票员票据上交单”“客运值班员与售票员纸票交接簿”与“售票员结算单”的“关窗张数”栏，售票员签字确认，对于售票员售票后的存根联应在当班客运值班员监督下清点后，装入票务专用信封，加封好后，售票员与客值双人签字。对于POST不能正常发售的车票，售票员须及时加封，封条上注明POST无法发售，车票的票种、数量、加封人、加封日期。

3）结账时无效票及与乘客事务处理有关的车票交接：经售票员回收的其他种类的车票，由本人将车票分类扎好，根据加封的车票数量封入票务专用信封或钱袋，注明车票类型、票种、数量、加封车站、加封人和加封日期，由客运值班员根据信封封面的张数与“售票员结算单”上的所填写的废票张数进行核对，确认无误后随报表上交票务室。

**5. 配票**

票务中心票卡组配给车票；票务中心根据《车票配送实施办法》相关内容，为全线各车站配送单程票；当班客运值班员负责接收票务中心票卡组配发的车票；客运值班员在点钞室依据“票务中心配票明细单”当面交接单程票；依据“车站票据配送单”当面交接纸票与发票，确认无误后签名，并在“车站售票/存票日报”和“客运值班员交接簿”上做好记录。

**6. 车票上交**

在营运过程中产生有关废票的上交/回收需按《单程票废票管理规定》进行操作。

1）指定回收的车票：票务中心票卡组电话通知各车站，说明需回收车票的种类、数量；客运值班员按要求准备车票，并填写“车票上交单”；票务中心车票配收员依据“车票上交单”清点各车票的数量，确认无误后签收，“车票上交单”第二联留存车站。

2）其他种类的车票：客运部值班员将车票分类扎好，根据加封的车票数量封放入票务专用信封或钱袋，注明加封内容（注明车票来源、票种、数量）、加封车站、加封人和加封日期，由值班站长进行核对，确认无误后，由票务中心票卡组定期到车站回收。

**7. 借票及归还**

车票仅限于AFC专业人员、票务稽查人员和票务审核人员借用，除此以外未经客运部许可，严禁向其他部门或人员借出车票；当班客运值班员根据借票人员提供的借票情况填写“车票/现金借出记录表”，与借票人员确认车票信息、数量无误后，双方在车票/现金借出记录表上签名；借票人应在当天将车票交还车站（测试出闸机或测试有关设备且需经过出闸机的车票除外，但需在“车票/现金借出记录表”上注明原因）；借出车票归还时，车票封入票务专用信封，“工”字加封，连同“车票/现金借出记录表”随次日报表上交票务室。

### 思考题

1. 车票的种类有哪些？
2. 单程票的使用规定有哪些？
3. 储值票的使用规定有哪些？
4. 车票的开封、清点原则有哪些？

## 第四节　售票/问询处的管理

### 一、售票/问询处的管理要求

运营时间内，各站根据车站客流情况决定开放的售票/问询处数量，但确保至少有一个售票/问询处为乘客提供服务。当班期间售票员未经许可，不得擅自离岗；客运值班员定时查看 POST 票箱的车票数量，不足时及时补充；售票员严禁携带私款、私人车票（员工票除外）及其他私人物品进入售票/问询处（临时售票亭）；当班过程中，当有任何需上级确认的问题，应立即通知相关人员处理；当车票及现金往返售票/问询处（临时售票亭）时，必须将现金或车票放入上锁的售票盒中，并放入上锁的小推车中（加封的硬币可直接放入上锁的小推车中），由售票员和另一名员工负责运送和确保途中安全。

### 二、车票售卖

1）售票地点：各车站的售票/问询处或临时售票/问询处。

2）时间：车站最早一列载客列车到达前 10min 至最后一列载客列车开出前 5min。

### 三、售票员工作程序

**1. 准备售票**

售票员到客运值班员处报到，领取备用金、车票等，按实际数量在《车站客值与售检票员交接班簿》上签收交接；领取售票/问询处钥匙（若为第一班，则向客运值班员领取；若为接班人员，则向交班人员领取），同时做好相关登记。

**2. 开窗售票**

售票前必须使用自己的密码、操作号登录；售票时必须遵守“一收、二唱、三操作、四找赎”；车票在交给乘客之前，必须使用半自动售票机进行分析，确保每一张车票的有效性，并通过显示屏请乘客确认；在售票时，不接受外币和支票；若车票、备用金不足时，售票员必须及时通知客运值班员，要求补充，并在《车站客值与售检票员交接班簿》及《售票员结算单》等相关台账上注明，做好交接工作；若售票员中途离开或返回售票/问询处，必须与顶岗人员当面交接清楚后（若顶岗人员未另配票盒时，应当面交接预留或收回的车票、现金数目)，再在半自动售票机上注销或登录；由客运值班员依据本站的售票员售卖情况，在售卖中途从售票员处及时收取预收款，如图 3-10 所示为地铁售票员正在售票。

图 3-10　地铁售票员正在售票

**3. 售票结束**

售检票员从个人密码退出登录（临时顶岗或他人顶班时也要进行此项操作）；售票员与客运值班员结账。

**4. 售票员结算**

售票员携带本人所有的现金、车票及各类报表到点钞室；客运值班员与售票员双人清点所有现金并确定金额正确后，在《售票员结算单》上填写实收金额。实收金额需更改时，必须由售票员与客运值班员双人签章确认，并建议有值班站长确认现金清点情况；售票员清点未售完的各票种的关窗张数并填写在《售票员结算单》上，同时完成总计栏及其以上部分的填写；客运值班员检查各种报表填写是否完整、正确。

## 四、票务事务的处理

**1. TVM 卡币**

1）现场检查结果发现 TVM 外部所卡现金与乘客反映情况一致，则办理《乘客事务处理单》(未生成交易记录的可以不办理《乘客事务处理单》)，客运值班员在《乘客事务处理单》注明卡币处理情况，车站根据乘客需要在 POST 上发售同等面值车票或退还相应款额给乘客，如图 3-11 所示为乘客在进行购票的过程中出现卡币的现象。

2）若 TVM 外部无法发现所卡现金或现金已到纸币钱箱/硬币钱箱里，则填写《乘客事务处理单》，待当晚清点完毕后，确实发现长款与卡币金额一致，次日归还乘客。如发现长款少于卡币金额，填写《退款申请单》，说明原因；多于卡币金额，多出金额直接解行，并在《车站收入日报》上备注说明。

3）办理本事务时，须由当班值班站长和客运值班员到现场确认，并在《乘客事务处理单》双方签字。

图3-11　乘客在进行购票的过程中出现卡币现象

**2. TVM 少出车票**

若 TVM 交易记录与乘客反映情况一致，则办理《乘客事务处理单》，并根据乘客需要在 POST 上发售同等面值车票或退还相应款额给乘客；若无法现场确认，乘客需填写《乘客事务处理单》，待当晚清点完毕后，确实发现长款，次日归还乘客；办理本事务时，须由当班值班站长和客运值班员到现场确认，并在《乘客事务处理单》签字。

**3. TVM 找零不足**

若 TVM 交易记录与乘客反映情况一致，则办理《乘客事务处理单》，退还相应款额给乘客；若 TVM 交易记录反映找零正确，客运值班员与值班站长同时到现场检查 TVM 是否有遗留硬币情况。若有，直接退还相应款额给乘客；若无，则需办理《乘客事务处理单》，待当晚清点完毕后，确实发现长款，次日归还乘客。办理本事务时，须由当班值班站长和客运值班员到现场确认，并在《乘客事务处理单》双方签字。

**4. TVM 发售无效票**

车站人员询问乘客购票情况和查询 TVM 的机器交易记录；若 TVM 交易记录与乘客反映情况一致，则回收无效车票，办理《乘客事务处理单》，并根据乘客需要在 POST 上发售同等面值车票或退还相应款额给乘客；办理本事务时，须由当班值班站长和客运值班员到现场确认并在《乘客事务处理单》双方签字。

**5. TVM 多找零**

车站人员发现 TVM 多找零、多出币情况下，询问乘客购票情况和查询 TVM 的机器交易记录；若发现 TVM 交易记录与实际找零数不一致，则回收多找零数目。填写《客运值班员交接班簿》，注明设备号码、金额和币种，将钱币封包保存，交给接班值班员解行，并在《车站收入日报》上备注说明；办理本事务时，须由当班值班站长和客运值班员到现场确认，并在《乘客事务处理单》双方签字。

**6. 出闸机扣费不对**

车站人员询问乘客乘车和车票扣值情况，同时在 POST 上查询车票使用记录；车站经过分析后，办理《乘客事务处理单》，并填写《退款申请单》，将该台故障闸机设为“暂停服务”模式，同时需将事情概况及时通知票务中心；次日票务中心 AFC 数据中心根据车站提供的 IC 卡卡号查询交易记录，打印该卡交易报表，票务中心主任核实后签字确认，并将车站《乘客事务处理单》和卡交易报表上交客运部；办理本事务时，须由当班值班站长和客运值班员到现场确认，并在《乘客事务处理单》双方签字，如图 3-12 所示为乘客正在出闸机。

图 3-12　乘客正在出闸机

## 五、车票无法通过闸机时的处理

当乘客拿着一张有问题的车票要求处理时，售票员应依据乘客所处的位置做相应的处理，处理办法见表 3-1

**表 3-1　车票无法通过闸机的处理办法**

| 车票分析结果 | | 进站（非付费区） | 出站（付费区） |
|---|---|---|---|
| 无进站信息 | 单程票 | | 1）若单程票为当日，则填写《乘客事务处理单》，直接对其更新，凭原单程票出站<br>2）若为非当日车票，填写《乘客事务处理单》，发售一张付费出站票，原单程票回收 |
| | 一卡通 | | 填写《乘客事务处理单》，并根据乘客所报的站点收取相关车费（现金），发售免费出站票出站 |
| 无出站信息 | 单程票 | 1）若乘客所持车票上次进站是本站，且使用时间为当日，再次进站时会被拒绝，填写《乘客事务处理单》，对其进行免费更新<br>2）若乘客所持车票上次进站时间非当日或非本站，再次进站时会被拒绝，原单程票回收，要求乘客重新购票 | |

（续）

| 车票分析结果 | | | 进站（非付费区） | 出站（付费区） |
|---|---|---|---|---|
| 无出站信息 | 一卡通 | | 1）在进站代码为本站且发生时间在10min以内，填写《乘客事务处理单》，免费更新IC卡，让其刷卡进站<br>2）在进站代码为其他站或进站代码为本站且发生时间在10min以上，应填写《乘客事务处理单》，根据乘客所报的上次出站点补收相应车费（现金）并更新IC卡，让乘客刷卡进站 | |
| 坏票 | 人为破损票 | 单程票 | 回收车票，请乘客重新购票，填《乘客事务处理单》 | 按无票处理补交全程票价，填《乘客事务处理单》，发售一张付费出站票，原单程票回收 |
| | | 一卡通 | 地铁站不办理非正常换卡手续（自行到IC卡售票/问询处处理），要求其买单程票进站 | 按无票处理补交全程票价，填《乘客事务处理单》，按乘客所报实际车程收取费用，并发售一张免费出站票（自行到IC卡售票/问询处处理） |

### 思考题

1. 简述车票售卖的时间和地点。
2. 售票员工作程序有哪些?
3. TVM找零不足应如何处理?
4. 出闸机扣费不对应如何处理?

## 第五节　车站AFC设备的操作管理

### 一、自动售票机（简称TVM）

自动售票机实物如图3-13所示。

**1. 操作管理**

车站必须保证运营开始时有足够的TVM能够投入服务；在运营中对TVM进行补币、补票、更换钱箱时，应确认乘客的交易已完成并设置“暂停服务”牌后方可开始操作；钱箱钥匙不能由钱箱更换人员和钱箱保管人员来管理（由值班站长携带保管）。

**2. TVM单程票补充及回收操作的要求**

由客运值班员负责安排人员进行TVM单程票补充和回收工作；清理出的TVM废票必须另行加封，由票务中心回收，不得再投入TVM使用；每日运营开始前或运营过程中TVM票箱车票不足时，车站必须对TVM进行补充单程票工作；运营结束后，车站必须清理TVM废票。

**3. TVM补币的操作要求**

TVM补币操作由客运值班员和值班站长共同完成；客运值班员负责具体操作，值班站长负责监督和安全保护；需补硬币的清点要求与钱箱清点的要求相同；每日运营开始前

图 3-13　TVM 自动售票机

或运营中 TVM 转为不找零模式时，车站需对 TVM 进行补充硬币操作；补币操作的相关记录必须有操作人员和监督人员签章确认。

**4. TVM 更换钱箱和结账的操作要求**

原则上非运营时间内，TVM 不能存有现金（除硬币鼓和副找零器）；TVM 钱箱更换的操作由客运值班员和值班站长共同完成。客运值班员负责具体操作，值班站长负责监督和安全保护；运营中 TVM 钱箱将满或运营结束后，须对 TVM 的钱箱进行更换；运营结束后更换钱箱时，须清理 TVM 的废票，并按类别存放待交。

## 二、半自动售票机（简称 POST）

每日运营开始前，由客运值班员负责检查 POST 票箱和决定是否需要补充单程票；POST 营业需要领用的钥匙及备品，必须与客运值班员办理借还登记手续；售票员之间换岗时，必须在 POST 上办理注销和登录操作；每班售票员下班时，须清理 POST 废票并用专用信封进行封装，如图 3-14 所示为半自动售票机。

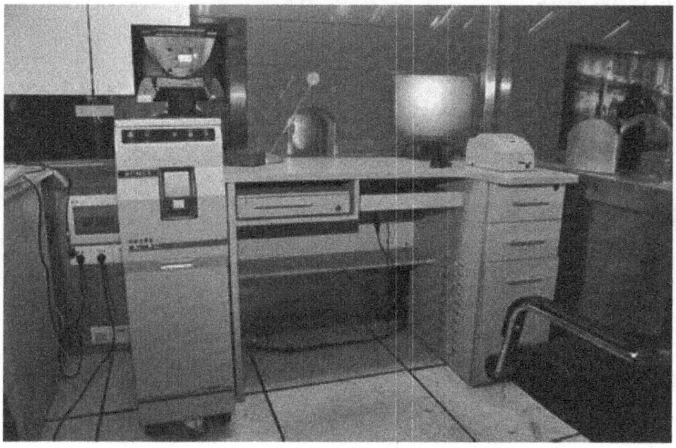

图 3-14　半自动售票机

## 三、便携式验票机（简称 PVU）

持机人应用自己的员工号录验票机，使用结束后及时注销退出；便携式验票机的使用和归还应进行签名登记。

## 四、闸机（简称 GATE）（图 3-15）

图 3-15　扇门式闸机

客运值班员负责安排员工进行闸机票箱的更换工作。闸机票箱的更换操作时，须设置“暂停服务”牌并按规定操作；在闸机的票箱将满时，须更换闸机票箱；在更换闸机票箱时，须清理 GATE 的废票，并按类别存放待交。

### 思考题

1. 降级运营模式的种类包括哪些？
2. TVM 单程票补充及回收操作的要求有哪些？
3. 闸机票箱的更换操作时，须设置什么标志？

# 第六节　特殊情况下的票务处理

## 一、处理特殊情况的注意事项

在处理乘客事务时必须保持耐心、冷静、有礼貌；尽量把同乘客的争执、纠纷等安排在远离公众的场所处理；当列车运行、车站的设备故障等影响到车站票务管理工作的正常进行时，必须保持镇静，并及时向上级报告；当 AFC 设备出现车站人员无法处理的故障时，值班站长必须立即报设备维修调度；运营时间内，若站厅层的 AFC 设备无法向乘客提供服务时，该设备应放置“暂停服务”牌。所有 AFC 设备的故障均应由行车值班员在相关记录台账上做好记录。

## 二、车站被劫时的票务处理

在没有危及人身安全的前提下，被劫人员或任何目击被劫现场的车站工作人员须立即通知车控室，向当值人员简要汇报被劫情况，汇报的内容包括：案发地点，歹徒的人数、特征、逃走方向，被劫物品及有无人员受伤等。当值人员在收到车站被劫的信息后，立即打电话报警，汇报歹徒逃走方向；通知站长和相关领导。公安人员到场后，各人员须配合公安人员的工作。公安人员处理完毕后，在安保部的监督下，由车站客运值班员负责清点车站所有现金及车票，计算被劫金额；清点完毕后，被劫现金记入当天“车站营收日报”的差额栏，被劫车票数量记入“售/存票日报”设备故障的右边一栏，并须附加由公安或安保部出具的车站被劫证明及安保部出具的对现金、车票的清点证明，随报表上交票务中心。

## 三、夜间非运营时间内的注意事项

车控室的门要上锁；当值人员要提高警惕，随时通过监控屏，监视车站动态；将对讲机放在可以接触的地方；站台的护卫必须将对讲机拿在手中，遇到紧急情况立即按压通话键，保持与车控室联系；如遇到情况紧急，在时间上不允许车站人员通过电话报警时，当值人员（或车站其他人员）须在最短的时间内按下对讲机的紧急呼叫键；OCC（控制中心）的人员在收到车站的紧急信息（包括车站人员报告和紧急信号）后，应用最快的速度确定报警车站；通过无线电、直线调度电话或内线电话询问报警车站的情况，若车站无人应答或有人应答并报告车站被劫，则立即通知地铁分局指挥中心；利用CCTV（闭路电视）监控车站情况，如歹徒在摄像范围之内活动，则对其进行录像。

## 四、列车延误导致乘客超时的票务处理

由值班站长或值班员在SC上设置“乘车时间免检模式”；设置本模式后，对所有超时的单程票、储值卡及一卡通均能正常出闸；列车延误产生的影响结束后，由值班站长在SC上取消“乘车时间免检模式”。

## 五、列车越站时的票务处理

由值班站长或值班员在SC上设置“乘车车费免检模式”；设置本模式后，对于持储值卡及一卡通的乘客出闸时，按该票种的最小车程费进行扣费；对持单程票的乘客出闸时，不检查车票的票值放行，单程票回收；对于超时之外的不能出闸的车票处理，与正常处理办法相同；列车越站产生的影响结束之后，由值班站长在SC上取消“乘车车费免检模式”。

## 六、车站发生运营故障时的票务处理

单程票及一卡通车票由于当日车站故障原因导致进出站次序错误，在20日以内下一次可正常使用；单程票下次使用时，出闸机不检查进站信息直接回收。一卡通车票下次使

用时扣除最低票价。

## 七、车站出现火灾情况时的票务处理

车站人员通过 SC 菜单或紧急按钮设置“紧急放行模式”，并将信息汇报 OCC；执行该模式后，车站 POST、TVM 将全部自动关闭，进出闸机扇门全部打开；售票/问询处人员应立即停止售票/问询处的售票、兑零工作，收拾票款和车票并放在售票/问询处内乘客不能触及的位置，锁好售票/问询处，疏导乘客从边门或闸机处离开车站；出闸时无须使用车票，对受影响的储值卡及一卡通，在规定期限内可以在设备上正常使用，超过期限的须经车站人员确认为受火灾影响的车票后，给予免费更新处理。对受影响的单程票，在规定期限内可以在设备上正常使用，或经车站人员确认为受火灾影响的车票后按实际余值办理退款，超过期限的不予办理。达到恢复正常运营条件后，由值班站长取消紧急放行模式，恢复正常运营模式，并将信息汇报给 OCC。

### 思考题

1. 夜间非运营时间内的注意事项包括哪些？
2. 车站发生运营故障时应如何处理票务？
3. 车站出现火灾情况时应如何处理票务？

# 第七节　报　　表

## 一、报表的填写

1）报表填写必须真实、准确、完整、及时，填制人员必须严格执行票务规章制度，如图 3-16 所示为地铁员工正在填表。

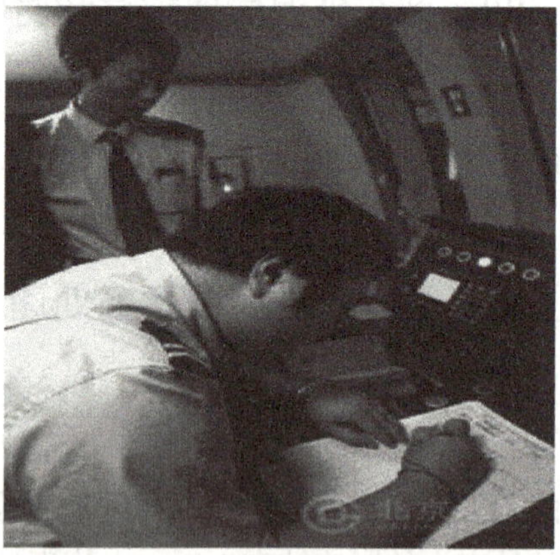

图 3-16　地铁员工正在填表

① 真实：报表必须由相关人员填写且如实反映票务情况，不得弄虚作假。

② 准确：报表填写前认真核对实际情况，确保填写的数据正确无误，并要仔细复核。

③ 完整：必须按报表所列事项填写，不得遗漏。

④ 及时：报表必须在规定期限内填制完毕，并按规定时间上交票务中心，不得故意延迟时间。

2）属于过底的报表，一定要写透，不要上面清楚，下面模糊。报表的各项指标必须按要求填写，不应随便空格不报，若因客观原因不产生数字的空格用“—”符号表示。

3）报表填写的文字必须用蓝色或黑色笔填写，字迹必须清晰、工整。属于过底的报表用圆珠笔填写，属于非过底的报表用钢笔或签字笔填写。填写人员必须加盖私章。

4）报表填写的数字必须一个一个填写，不得连笔书写。对金额一项，小数点后无数时，应写“00”或“—”表示。

5）报表填写发生错误时，不得刮擦、挖补、涂抹或用化学药水更改字迹。更改数字必须用“画线更正法”。运用“画线更正法”更正时，在报表中错误文字或数字上划一红线，以示注销，要求划去整个错误数字，然后在该处盖上更改人员名字修正章以示负责；若更改次数过多导致报表不清时，应另填写一份，该报表作废。报表在写坏作废时，应当加盖“作废”戳记，全部保存，不得撕毁，并随当日报表于次日上交票务中心。

## 二、报表的交接

按规定的时间、地点、方式进行交接；各站客运值班员将车站的报表归整后放入文件袋中，做好报表交接的准备；由票务中心人员按既定时间和既定方式收取车站报表。

## 三、报表的管理

报表应分类归整，检查报表是否齐全，报表均应按月装订成册。装订时要加具专用封面、封底，封面注明加封车站、加封报表名称、加封时间及装订人姓名、员工号；车站所有报表的保管年限为1年，报表必须放在点钞室内保管，报表保管期满由车站按年份打包，并列出清单，同时由站务中心统一收回，经客运部、安保部等相关部门会签后，可以进行注销、销毁。

### 思考题

1. 报表填写的要求包括哪些？
2. 报表应如何交接？
3. 报表应如何管理？

# 第四章

# 票务管理规定

## 学习目标

1. 票务管理原则及系统。
2. 票务政策管理。

## 第一节　票务管理原则及系统

票务管理的原则包括安全原则、“以人为本、优良服务”的原则，科学管理原则和效益化原则。

1）安全原则：在票务系统管理工作中，确保乘客及地铁员工的人身安全、票款及票卡的安全、票务设备安全、票务数据安全等。

2）“以人为本、优良服务”的原则：建立合理的票价体系，制定“公平、公开、公正”的票务政策，为广大乘客提供便捷高效、人性化的售检票服务。

3）科学管理原则：建立统一的票务管理指挥系统，进行组织、计划、控制，保证运营过程正常进行；建立和贯彻各项规章制度，建立和实行各种标准，加强信息管理；加强职工培训，增加科学技术知识和科学管理知识，树立适应科学管理要求的工作作风。

4）效益化原则：在满足客流需求和售、检票服务质量的前提下，努力降低运营和维护成本，力争达到综合经济效益的最优化。

### 一、自动售检票系统

自动售检票系统是基于计算机、网络、自动控制等技术，通过对统计、财务等专业知识的综合运用，来实现轨道交通的售票、检票、计费、收费、统计、清分结算和运营管理全过程的自动化系统，同时也为决策提供客流、收入等各类信息支持。自动售检票系统包括：轨道交通清分中心计算机系统、线路中央计算机系统、车站计算机系统、车站终端设备系统和车票。

1）轨道交通清分中心计算机系统。发行和管理轨道交通“一票通”车票，并对车票票款进行清分结算的系统和机构。

2）线路中央计算机系统。管理和控制城市轨道交通线路自动售检票系统的计算机系统。

3）车站计算机系统。管理轨道交通线路车站的票务、运行和客流等的计算机系统。

4）车站终端设备系统。安装于各轨道交通线路车站，并进行车票发售、进站检票、出站检票、充值、验票分析、车票更新等读写交易处理的终端设备。

## 二、缩写

票务管理常见的缩写见表4-1。

表4-1　常见的缩写

| 缩写词 | 英文解释 | 中文解释 |
|---|---|---|
| ACC | AFC Clearing Center | 轨道交通清分中心 |
| AFC | Automatic Fare Collection | 自动售检票系统 |
| AGM | Automatic Gate Machine | 自动检票机，又称闸机 |
| BOM | Booking Office Machine | 半自动售票机，又称票房售票机 |
| SC | Station Computer | 车站计算机 |
| TVM | Automatic Ticket Vending Machine | 自动售票机 |
| PCA | Portable Card Analyzer | 便携式验票机 |
| SJT | Single Journey Ticket | 单程票 |
| SVT | Store Value Ticket | 储值票 |
| CT | Commemorative Ticket | 纪念票 |
| ET | Employee Ticket | 员工票 |
| SPT | Special Passing Ticket | 特种通行票 |
| EXT | Exit Ticket | 出站票 |
| EB | Emergency Botton | 紧急按钮 |
| OCC | Operating Control Center | 控制中心 |

### 思考题

1. 票务管理的原则包括哪些？
2. EXT、AGM、TVM、OCC分别是什么含义？

# 第二节　部门职责

## 一、车务中心

### 1. 票务政策与规章制度管理

参与票务政策、票务规章的制定、修订工作；根据票务管理规章制度制定实施细则及工作程序，报相关部门备案；负责落实各类票务规章制度的执行，进行票务自查工作，落实整改。

**2. 票务违章与票务事故管理**

配合安全部开展票务稽查工作；负责调查、处理本部门的票务违章及票务事故，并定期汇总报送安全部、票务中心。

**3. 车站票务运作管理**

负责乘客车票的出售工作，负责处理无效票、过期票以及补票等车站的票务事宜，编制车站各类报表，按时将票款、报表上交；负责管理车站现金、车票，按规定申领和使用备用金，对现金、车票定期盘点，做好台账记录，保证现金、车票安全。按规定上交无效票、过期票、乘客丢失车票等；负责车站 AFC 系统终端设备的补币、补票，钱箱和票箱的更换，现金、车票的清理、清点工作。

## 二、票务中心

**1. 票务政策与规章制度管理**

参与票务政策的制定、修订工作，负责票务规章的制定、修订工作；根据票务管理规章制度制定内部实施细则及工作流程，报相关部门备案；根据总部下达的"票务政策/设备参数修订"工作令，完成设备参数的设置和更改。

**2. 票务违章与票务事故管理**

定期监督、检查、指导车站有关票务管理规章制度的执行情况，及时向车务中心提出整改意见；协助车务中心调查、处理其部门的票务违章及票务事故；负责按章调查、处理本部门的票务违章及票务事故，并定期汇总报送安全部；定期对票务规章执行情况进行分析，编制分析报告按安全部规定报相关部门。

**3. 收益管理**

负责收取、核对车站各类日报表，结合 AFC 系统报表，汇总编报营收日报表、客流数据及其他报表，按安全部规定报送相关部门；根据需求负责从技术方面对票务、收益、扣值及客流数据的差异进行系统性分析，进行数据差异的复核工作；负责与通卡公司的一卡通扣值数据核对，负责与各线路进行数据核对和确认，如图 4-1 所示为乘客在票务中心办理票务事宜。

图 4-1　乘客在票务中心办理票务事宜

**4. 车票管理**

及时分析各车站票库库存及车票流向情况，制订车票配送和调配计划。对节假日等可预见性大客流情况，根据分析需求，提前做好配票工作；负责按要求制作各种车票；负责对车站出售车票的编码、配送、回收、分拣和清洗工作；负责检查分析车站上交的无效票、过期票和乘客丢失车票等，定期将分析情况向相关部门汇报；负责提交本部门车票的注销计划；负责会同相关部门进行车票注销、销毁计划的审批工作。在相关部门监督下，负责实施车票注销、销毁工作；负责定期汇总并提交相关车票的采购计划；负责车票、纸票的出、入库管理，定期编制各票种的库存情况表；每月末对各车站的车票保有量进行盘查，做好台账记录；负责车票质量和新票种的测试工作。

## 三、派驻财务室

参与票务政策、规章制度的制定和修订工作；对于每月运营总部各项票务政策执行情况，从财务角度进行分析，并将分析报告送相关部门；制定车站现金管理模式，包括车站现金的管理流程及运作程序。负责对运营收入各环节进行监督和控制；负责对票务中心上报的各类营收报表进行审核，并及时上报总公司财务部有关报表和资料；负责确认运营收入，与通卡公司进行往来资金对账；负责协调与银行的接口问题；负责备用金管理和监督；负责票务工作需用票据（含纸票）的申印和管理；负责收取办理（含遗失补办）员工票相关费用以及各类票务事故中当事人的补款；负责车票注销、销毁计划的审批工作；负责车票注销及销毁的现场监督工作；负责票务报表台账销毁的审批工作。

## 四、物资部

正常运营后，负责 IC 卡车票的采购工作；负责票务备品、AFC 系统备件、维保材料等的采购、仓储工作；负责对印制车票的胶片和车票印制模版的回收和保管；根据合同组织对车票承印产生的余票及废票进行处理，将有关情况及时报安全部。

## 五、人力资源部

参与票务制度政策的制定与修订，负责对涉及行政或人事处理的条款提出意见；执行安全部对票务违章或票务事故责任人的处罚决定；负责管理员工票的申领、审批、更换及回收的工作；负责牵头组织员工的票务培训工作。

## 六、综合部

牵头组织票务政策的制定、修订以及宣传和推广，参与票务规章制度的制定和修订；牵头组织车票的票面设计、新票种的策划、市场推广及发行宣传；负责提交新政策、新票种的需求，明确车票的用途及要求，会同相关部门讨论，编制实施方案，报总部审批；负责定期汇总乘客对地铁票务政策、规章等执行情况的意见，从经营的角度对各项票务政策、规章进行评估分析，提出改进意见，报相关部门；负责保管印制车票的设计样稿（含电子版）；协助车票印制的外部联络。

## 七、安全部

负责票务政策、票务稽查及执法管理；参与各项票务政策和规章制度的制定和修订工作；根据运营事业总部有关票务规章制度开展票务稽查和审核工作，并依照规定对违规者进行教育、处罚；组织协调各相关执法部门有效地开展票务执法工作；分析和检查各种票务作弊的潜在可能性和票务管理方面的薄弱环节，根据需要对相关人员、设备设施进行调查，提出防范措施和整改建议，并检查整改情况；配合参与票务工作例会及专题会议，通报检查结果，提出改进建议；定期对票务稽查情况进行分析，编制票务稽查工作报告；负责车票注销、销毁计划的审批工作；根据注销及销毁计划，负责车票注销及销毁的现场监督工作；负责票务报表台账销毁的审批工作；对车票制作进行审核监督；负责票务政策/设备参数设置和更改的复核工作；负责对专用地铁票的稽查工作以及黑名单的设置和解除工作；负责审批车票库存差额调整。

### 八、技术部

参与票务政策、规章制度的制定和修订工作；负责车票注销、销毁计划的审批工作；负责保管本部门的IC卡车票的样票。

#### 思考题

1. 车务中心车站票务运作管理包括哪些内容？
2. 票务中心车票应如何管理？
3. 安全部的职责有哪些？

## 第三节　票务收益管理

票务相关部门按照各自部门职责负责票务收益的保管、缴款、结算、核对、清分、对账、审核、入账及稽查等工作，保证票款收入安全，票务收益数据准确。

### 一、票务收益管理部门职责

**1. 车务中心**

负责各车站票务业务的具体操作，按要求对车站票款收入进行清点结账，保管票款并打包解行，提交车站票务报表，维持车站正常运作，保证车站现金安全。

**2. 票务中心**

票务中心票务车间负责地铁线网票务收益的组织管理，以中央集中管理模式审核各车站收益报表，办理车站售票员结算，按要求向财务部门提交票务类收入凭据；票务中心AFC车间负责核对系统数据的完整性及准确性，为财务部门提供系统清分报表及外部对账报表。

**3. 派驻财务室**

负责对各项收入进行统一核算，审核收款，确保收入及时入账，如实反映收入情况。

**4. 安全部**

负责票务稽查与执法管理工作，确保票务收入安全。

### 二、票务收益的组成

按资金流入类别将票务收益分为现金收入与扣值收入两类。

**1. 现金收入**

现金收入主要指乘客购买或充值车票所支付的票款以及因乘客事务所支付的补票金额。

**2. 扣值收入**

乘客用一票通等所支付的金额，此金额是通过 AFC 系统从乘客购卡时预存资金中自动划拨，不涉及现场的现金往来。

## 三、票务收益结算流程

**1. 票务现金收入结算流程**

票务现金收入以银行入账金额为依据，最终确认的收入应与缴存银行确认的账款金额一致。结算流程如下：

1）车务中心及时、准确地向票务中心提交与结算相关的各类原始手工报表、电子报表及设备报表；票款于当日现场清点后及时解行；车站根据约定时间在银行收款人员到站前完成打包工作，不违规截留票款；票款专款专存；地铁各线路的票务收入存至公司指定的票款专户。

2）由票务中心负责中央集中结算审核，对各车站当日经办的现金流及 AFC 系统报表进行核对、结算。车站票务收益现金的结算差异落实到各操作员和具体班次，并严格遵循长款上交、短款补齐的原则。

3）票务中心将最终确认的现金结算报表提交财务部门进行最终的确认、分科目入账。

**2. 扣值收入结算流程**

票务中心每日按时出具线网扣值收入报表，次月汇总后，提交派驻财务室作为结算凭据。派驻财务室根据 AFC 系统报表，从预收账款科目中的储值卡充值项，划拨当月地铁实收票款金额进行入账。

## 四、票务收益清分流程

**1. 清分规则**

清分规则须结合线网规划、建设、运营、票务制度以及票价体系的特点，分析客流量及乘客出行的消费心理和规律，确定参与清分的各投资或运营实体在城市轨道交通线网运营价值链中的经济贡献和相互关系，得出一套适用于轨道交通线网特点的收益清分模型和算法，从而制定清分规则。清分规则还应包括城市轨道交通在特殊运营模式下的交易清分处理办法。清分包括交易清分和费用清分。交易清分是指票务中心根据清分规则，对交易的金额及其所提供服务的费用，在线路或运营商之间进行清分。费用清分是指对提供服务所产生的服务费用进行计算和相关处理。

**2. 清分流程**

清分结算处理是 ACC 系统票务清分的核心业务，包含清分、清算、结算对账和划账，处理步骤如下：

（1）清分　对线路上传的交易数据明细按照清分规则表进行逐笔清分。

（2）清算　对每笔交易，包括换乘票务清分后产生的交易，按交易日期、线路站点、交易类型和票卡类型分类，抽取并累加的统计贡献值。

（3）结算对账　由清算处理获得的分类统计，可根据交易类型，如售票、售卡、充值、进站和出站及票卡类型，可按交易日期和结算日期、线路、站点分类汇总不同票/卡类型的应收、应付账务凭证，经与地铁清算系统对账后，就可下发给各线路运营商，其中包括票/卡的应收、应付账务凭证数据。

（4）划账　即按照清算系统和各线路与地铁公司商定的账务结算日，根据期初账务数据、本期发生的账务数据和 ACC 实际的资金流情况，在约定规则下，生成应付给地铁公司和各线路的付款凭证，并传送给结算银行作为划账依据。同时，生成本次划账后的期末账务数据。对天府通清算系统传送的付款凭证数据需根据上述处理方法生成对账数据进行比对，当结算银行的贷记款（地铁公司的付款凭证）到账后，生成与地铁公司的本期期末账务数据。

## 五、票务收益核对流程

票务收益核对流程包括现金收入账户核对与 AFC 系统数据核对流程两大类。

现金收入账户核对，由派驻财务室按照相关财务准则进行。

除了现金账务的核对外，系统数据准确性的核对工作由票务中心负责。有疑义的系统后台数据，需及时知会各线路中心，以确认数据差异对结算的影响，对于重大数据差异须由相关部门共同审查并形成收益确认方案。

### 思考题

1. 派驻财务室的职责包括哪些？
2. 按资金流入类别将票务收益分为哪两类？
3. 清分结算处理是 ACC 系统票务清分的核心业务，其包含哪些流程？

# 第五章

# 客运服务标准

学习目标

1. 在窗口的工作人员对乘客服务的作业程序和注意事项。
2. 地铁线路窗口的乘客服务工作。

## 第一节　服务工作通用标准

### 一、仪表着装标准

**1. 生产岗位**

上班时间应按规定整齐统一穿着工作制服，佩戴领带、肩章、工号牌和工帽，工号牌戴在左胸前口袋上沿中部，如图5-1和图5-2所示。

图5-1　铁路员工制服

图5-2　地铁员工制服

着工作制服时，应衣装整洁，不缺扣、不立领、不挽袖挽裤；凡着工作制服时，必须按规定穿着黑色皮鞋，并保持光亮、整洁；佩戴标志要清洁平整，肩章佩戴于肩上，服务品牌的宣传牌等佩戴于工号牌中上方；团（党）徽佩戴于宣传牌的中上方；绶带佩挂于左肩上；留长发的女员工身着工作制服时，必须佩戴头花，将头发挽于头花网内；男员工不准留长发、大鬓角和胡须；前额蓄发不得露于帽外，帽墙下面的头发不得超过 1.5cm；女员工穿着制服时，只能佩戴式样简洁大方的项链（不可露出制服）、戒指（只可戴一枚简单的）、耳钉（无坠，只可在耳垂上戴一付），其他饰品和款式夸张的项链、戒指，一律不允许佩戴，男员工只可佩戴一枚简单的戒指。原则上只能在工作地点、工作时间穿着工作制服。在公司或车站范围内：当班时间应按规定穿齐工作制服，佩戴标志；参加总公司或总部组织的重大活动时须统一穿着工作制服（需戴帽）。已下班、但仍穿着工作制服的员工，在车站内行为举止一律按上岗时的规定执行。

**2. 管理岗位**

在工作时间内按规定统一整齐穿着工作制服，穿黑色皮鞋，保持穿着整洁、美观；穿着工作制服时工号牌戴在左胸前口袋上沿中部，胸卡必须佩戴在胸前。

## 二、行为举止标准

1）在岗时要精神饱满，举止大方，行为端正。不得将个人情绪带到工作上，不得当乘客面剪指甲、挖耳朵、打哈欠及伸懒腰等。

2）专心认真工作，不准在岗位上聊天、说笑、追逐打闹或做与岗位工作无关的事，如看书、看报、吃东西、会客、打私人电话和发短信等。

3）在岗位时，站姿挺拔、双手自然下垂、两腿并拢，不得背手、手插进口袋或手搭在物品上；坐着时身要正、挺胸、腰不得背靠椅背斜躺、抖腿、用手托腮及趴在桌面上，做到“站有站相，坐有坐姿”，如图 5-3 所示为地铁工作人员正在工作。

图 5-3　地铁工作人员正在工作

4）回答乘客问询时，要耐心有礼，面带微笑，如图 5-4 所示为面带微笑的工作人员。不得不理睬、边走边回答、边工作边回答，也不得以摇头、点头等方式回答乘客，应站立或停下手中工作认真回答（如工作确实无法中止应请乘客稍等，并在工作后第一时间回答）。对自己无法回答的询问，应请教同事，不得给乘客误导。对违反地铁有关规定的乘客应采用解释、劝导、委婉的语言，严禁对乘客有大声呵斥、推、拉、扯、拽等行为。

图 5-4　面带微笑的工作人员

5）生产岗位的人员不得佩带私人通信工具上岗（除驾驶员外）。

6）乘车、候车过程中，原则上不坐在座椅上，并主动维持乘客候车、乘车秩序。

7）当与乘客有视线接触时，应点头微笑以示尊敬。

## 三、服务语言标准

地铁工作人员在岗时应使用十字文明服务用语："您好、请、谢谢、对不起、再见"，不准讲口头语、粗话；应根据乘客的不同身份使用恰当的称呼用语，如先生、女士、小朋友、大爷、阿婆等，不得使用"喂""嘿""那位"等不礼貌用语称呼乘客；回答乘客问题或使用人工广播时，使用普通话，应语调沉稳、圆润，语速适中，音量适宜，避免声音刺耳或使乘客惊慌；处理违章事宜要态度和蔼、得理让人，不得讲斗气、噎人、训斥、顶撞、过头及不在理的话；严格遵守各岗位特殊语言要求，耐心做好乘客解释工作。

## 四、服务态度标准

主动关心乘客，并乐于协助老、弱、病、残、孕妇及其他有困难的乘客；安全意识强，在岗时时刻保持警惕，以确保乘客和行车安全为自己的首要职责；处理有关乘客问题时，应公平、公正、合理，并遵循异时、异地、异人的原则；遵守公司的各项方针、政策；遵循首问负责制。

**知识拓展**

1. 首问负责制是指当乘客询问工作人员时，被询问的工作人员必须负责到底，第一时间解决乘客的问题，不得将问题推诿给其他工作人员解决，不得给乘客提供错误信息。

2. 窗口是指车站、列车、服务热线。

3. 在窗口的工作人员是指所有在窗口工作及到窗口工作的人员。

## 五、环境卫生标准

### 1. 卫生整体标准

卫生整体标准应做到“窗明地净、清洁舒适、协调美观”。

1）站厅、站台：地面、台阶无痰迹、无垃圾、无尘土、无保洁用具/商铺物品等堆放物；站台安全护栏无痰迹、无印迹、无泥点、无黑灰；边、角、棱、沿无黑灰、无塌灰、无蛛网；垃圾箱周围不得有污迹杂物、箱体外部不得有污垢、箱内杂物不得超过箱口，如图 5-5 所示为洁净的站厅和站台。

图 5-5　洁净的站厅和站台

2）售票亭、票务中心：室内物品按规定摆放整齐，台面无杂物（包括工帽、水杯、饮料瓶和抹布等）、积尘，亭壁、玻璃干净无污渍、无油渍、无胶渍、无不标准张贴物等。

3）车控室（图 5-6）、AFC 室：室内环境整洁，备品清洁整齐，台面无杂物（包括工帽、水杯、饮料瓶和抹布等）、积尘，墙壁、天花板无污迹或蜘蛛网，各种设备、文件柜面及工作台面干净无积尘。

图 5-6　车控室

4）站长室、休息室：室内环境整洁、摆放统一，桌面无杂物、积尘，墙壁、天花板无污迹或蜘蛛网，工作台、文件柜面干净无积尘。

5）服务硬件设施：设置位置合理，摆放端正，状态良好；外观干净整洁，无污渍、无油渍、无胶渍等；按要求张贴相应内容，并确保张贴效果美观、得体。

6）其他设备、管理用房：室内环境整洁、摆放统一，桌面无杂物、积尘，墙壁、天花板无污迹或蜘蛛网。

7）门前三包区域无乱停车辆、无摆卖摊贩、无乞讨卖艺等闲杂人聚集。各出入口5m范围内必须保持整洁，地面、墙壁及玻璃等处无乱张贴、涂写现象，无杂物堵塞通道。出入口及公共区扶梯表面干净整洁，扶手带、挡板无灰尘，梯级上无垃圾杂物。

**2. 环境布置标准**

各种临时导向标志要统一布置、摆放端正，保持清洁明亮；自制临时标志要版式正确，内容清晰，放置正确。横幅、标语按要求在固定位置悬挂，必须平整、干净，不得有撕角或破损。各种临时标志、宣传画、横幅和标语等车站公共区摆放的物品，按规定的审批手续审批后，在规定位置和时间内按标准张贴、摆放，到期及时拆除。

非统一印制临时告示须按规定的位置张贴、摆放指定内容；所有告示必须统一打印，不得手写（紧急情况除外），不得丢字少字及使用不规范文字。公共区宣传内容应平整、美观、色泽鲜亮，不得有破损、卷边、褪色等现象，残旧内容应及时更换。各工作室、房间内物品摆放有序，各种备品、工器具应按规定位置摆放，保持整洁完好。

### 思考题

1. 工作人员仪表着装的要求有哪些？
2. 在工作岗位上，员工的行为举止要注意的问题有哪些？
3. 什么是首问负责制？
4. 车站的环境卫生有哪些要求？
5. 十字文明用语有哪些？
6. 对车站工作人员处理违章事宜的态度有何要求？
7. 回答乘客问询时要注意哪些问题？

## 第二节　岗位服务标准及服务技能

### 一、售检票岗

**1. 岗位服务要求**

售检票员要及时向值班站长、值班员报告异常情况和问题。当遇到超过自己处理能力的事情时及时请求客运值班员或值班站长和其他同事协助。制止并处理乘客违反地铁规章制度的行为。遇见有特殊乘客进站及时通知有关岗位，对老年乘客、小孩、行动不便者要指引其走楼梯，必要时提供扶助以避免客伤事件发生。

售检票员要在3min内赶到现场处理乘客问题，如不能及时赶到，必须马上汇报车控室，听从车控室安排；应以乘客排队人数8人为临界点，及时向客运值班员（或值班站长）汇报售票亭、临时售票亭和TVM前乘客排队的人数，以便客运值班员（或值班站长）决策；积极引导进站乘客到乘客较少的售票亭、TVM和闸机等处购票、进/出站；另外，售检票员还应熟悉车站周边环境、市内交通信息、地铁运营信息和地铁路面沿线简介等服务知识，以便快速、准确地回答乘客提出的问讯。

**2. 岗位服务用语**

售检票岗要求乘客排队购票（高峰期）："各位乘客，请按秩序排队购票，谢谢合作！"

需要更换票箱、钱箱或故障维修时："先生（或女士），对不起，这台设备暂停使用，请您稍等，或请使用其他设备，谢谢。"

当指引乘客购票时应说："请持有1元、5元、10元零钞的乘客直接到自动售票机上购票，需兑换硬币的乘客请直接到售票亭。"

请乘客到站厅人少的一端购票："各位乘客，本站另一端站厅乘客较少，为了节省您的购票时间，请到另一端站厅购票。"

当某一方向列车服务终止时："各位乘客请注意，开往××方向的列车服务已经终止，需要前往××方向的乘客请到地面转乘其他交通工具。"

末班车开出前："各位乘客请注意，开往××方向的末班车将在××点××分开出，请您抓紧时间购票进站。"

当有乘客走近时，主动询问："先生（或女士），您好，请问有什么需要帮助吗？"或"先生（或女士），您好，请问我能为您做点什么？"

对于上站厅的小孩和老人："先生（或女士），您好，为了您的安全，请走楼梯到站台/站厅/出入口。"

**3. 售检票岗位服务技巧**

1）售检票员要多看、多听、多巡、多引导。

① 多看：有无异常情况，看有无需要帮助的情况和需要处理的设备故障。

② 多听：多听乘客对我们服务的意见和建议。

③ 多巡：即多走动、巡视了解站厅客流情况。

④ 多引导：引导乘客到临时票务亭及乘客较少的一端购票乘车。

2）多名乘客同时求助时，根据实际情况分轻重缓急依次处理，必要时报告车控室，不得对乘客不理不睬；当遇到情绪激动的乘客，注意自我保护，尽量避免与乘客发生正面冲突；若乘客行为危及员工人身安全，及时报警处理。

3）高峰期售检票员应统一配手提广播上岗，在客流引导时声音不宜过大，吐词清晰，积极主动，不得拿广播对着乘客喊话；使用广播录音功能时，不得连续播放。

4）TVM前乘客排长队（超过8人）时，请示客运值班员进入售票亭开窗售票，乘客较少时及时退出售票亭并告知客运值班员；引导车票有问题的乘客到乘客较少的一端统一办理。售票员能解决的问题要及时、果断地处理，避免处理时间过长，不能处理的问题及时通知客运值班员。

5）监督工作区域内的卫生情况，发现问题，立即整改。

## 二、站台岗

### 1. 站台岗服务要求

监视列车运行状态、候车乘客动态，监视是否有乘客跳下轨道、进入隧道、倚靠安全护栏、抢上抢下或乘客物件掉落轨道，防止列车夹人夹物时动车，根据情况及时采取正确的处理办法；宣传乘客在黄色安全线以内候车，不要依靠安全护栏，不要抢上抢下，维护站台秩序，组织乘客有序候/乘车；若发现异常情况及时采取措施或与车控室联系；回答乘客询问，解决一般乘客问题，帮助乘客，特别注意帮助老、弱、病、残等需要提供帮助的乘客。如图5-7所示为工作人员正在帮助有需要的乘客。

### 2. 标准服务用语

列车进站前及进站时："各位乘客，为了您和他人的安全，请站在黄色安全线内排队候车，多谢合作！""各位乘客，为了您的安全，请勿手扶安全护栏，自觉排队候车，谢谢合作！""各位乘客，由于现在站台乘客较多，请到站台××部候车，谢谢合作！"

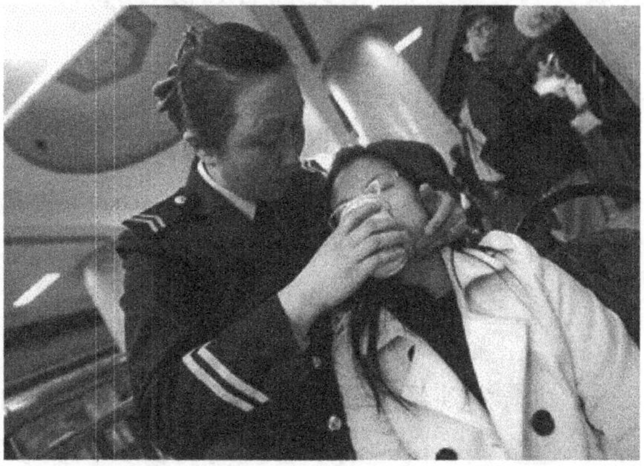

图5-7　工作人员正在帮助有需要的乘客

列车到站停稳开车门时："上车的乘客请注意，请小心列车与站台的空隙，先下后上，谢谢合作！"

列车将要关车门时："各位乘客，车门即将关闭，没有上车的乘客请您耐心等候下一趟列车，（请不要越出黄色安全线）谢谢合作！"

乘客越出黄色安全线时："各位乘客/站台××部的乘客，为了您和他人的安全，请站在黄色安全线内排队候车"

乘客带气球进站乘车时："××，您好，为了您和他人的安全，请不要携带气球乘车，谢谢合作！"

小孩在站台上追逐跑奔，打闹时："（××，您好）由于地面滑，容易摔倒，请家长（您）带好您的小孩，不要在站台追逐、奔跑、打闹。"

有乘客走近时，主动询问："××，您好，请问有什么需要我帮助吗？"或"××，您好，请问我能为您做点什么？"

对于上站厅的小孩和老人："××，您好，为了您的安全请走楼梯到站厅/站台/出入口。"

末班车到站时："各位乘客请注意，开往××方向的末班车将在××点××分开出，请您抓紧时间上车。"

列车服务终止时："各位乘客，今天的列车服务已经终止，请您尽快出站。"

乘客有物品掉下轨道时："××，您好，请勿私自跳下轨道，我们的工作人员将会尽快为您拾回物品，谢谢合作！"

发生突发事件或意外情况（如火灾等）时："各位乘客，由于车站发生险情，可能会危及您的人身安全，请听从工作人员的指引，迅速离开车站。"

**3. 站台岗位服务技巧**

站台岗位服位技巧包括三点，即"四到""四多"和"三勤"。

（1）"四到"

1）"心到"：精神高度集中，随时应变异常。

2）"话到"：提醒乘客按排队箭头候车，及时进行安全广播。

3）"眼到"：密切注意乘客动态及列车运行情况。

4）"手到"：主动处理问题，如发现地面有水，及时设置"小心地滑"告示牌，设备故障放"暂停服务牌"，地面有脏物时及时找保洁人员清除。

（2）"四多"

1）"多监控"：密切监督站台乘客情况，必要时采取控制措施。

2）"多广播"：通过手提广播提醒乘客看管好个人物品、看好小孩，不得跑闹、追逐，不得倚靠安全护栏，到人少的一端候车等。

3）"多联系"：发现异常情况及时与驾驶员、车控室及其他岗位联系。

4）"多巡视"：在每次列车到达间隙巡视站台一遍，巡视时"三步一回头"。

（3）"三勤"

1）站台发现乘客伤亡事件或其他异常情况时，及时寻找目击证人并做好记录。

2）遇蛮横不讲理的乘客及时与公安人员联系，不与乘客发生正面冲突。

3）站台客流不均匀时，及时引导控制，防止站内拥挤。

## 三、售票岗

**1. 岗位服务要求**

售票员出售车票时应按"一收、二唱、三操作、四找零"的程序。当乘客要求分析车票时，应快速正确使用半自动售票机分析，并将分析情况耐心告诉乘客，再采取相应的处理车票的方法。为乘客充值前后要主动请乘客确认余值无误后，再做下一步操作。同时有两位乘客等候服务时，按照先付费区后非付费区的原则为乘客服务。

售票岗遇到下列情况时的处理方法：

1）当乘客兑零、购票排队达5人时，应主动站立工作，以加快兑零、售票速度。

2）当售票亭前出现较大客流（10人以上或排队超过8人并维持3min以上）应电话通知客运值班员，加派人手或人工广播引导。

3）售票员主动领够车票、报表和硬币，在客流较小时把现金及硬币整理好，或开启另一袋硬币等以做好准备工作。

4）售票亭应备有点水器等物品，客流大的售票亭使用点币机。

5）交接班时，接班售票员须做好售票、兑零准备工作后，交班售票员才可以终止售票、兑零工作，不得因交接班而停止售票、兑零工作。

**2. 标准服务用语**

乘客需要兑换硬币时，要清晰唱票："收您××元"、"找您××元硬币。"硬币应垒成柱状交给乘客，不得散放，不得有丢、抛等动作。

当找不开零钱时："××，请问您有零钱吗?"或者说："对不起，我这里的零钱刚好不够，请您稍等，好吗?"

收到残币或假币时，应说："××，对不起，请您换一张钞票，好吗?"

出售储值票时："××，请看显示是否为××元的车票。"乘客确认无误后，"××，找回您××元及一张××元的车票，票款请当面点清"。

乘客想购买往返单程票："××，对不起，地铁车站没有往返单程票出售，单程票只能在购票的车站当日使用。"

乘客询问储值票能否多人同时使用："××，对不起，储值票（一卡通）只能1个人使用，不能多人同时使用。"

乘客出站时发现出不了站（超程及超时）：

1）"××，您好，您的车票已超程，请按规定补交超程车费×元。"

2）"××，你好，您的车票已超时，请您按规定补交超时车费×元。"

当售票亭付费区、非付费区均有人时，对非付费区乘客解释："××，对不起，请您稍等。"

当乘客询问小孩是否有半票："××，您好，按照地铁规定，如果小孩没有超过1.1m，一位成年人只可以免费携带一名小孩乘坐地铁。"

乘客询问在哪购票："如果您需要买单程票，请准备零钱或在此兑换零钱，然后到自动售票机处购买。"

乘客询问地铁××站的票价："××，您好，您到××站的票价为×元。"

收到乘客一张过期单程票："××，单程票只能当天并在购票站乘坐地铁使用；您的车票已经过期，按规定这张车票需回收，假如您需要搭乘地铁，请您重新购买一张车票，好吗?"

收到乘客一张过期纪念票："××，您好，很抱歉，您的这张纪念票已过期，只能留作纪念不能再乘车；假如您需要搭乘地铁，请重新购买一张车票。"

单程票非本站购买："××，对不起，由于单程票只能在购买站乘坐地铁，所以您这张车票不能在本站使用。"

**3. 售票员岗位服务技巧**

售票员应优先处理付费区内的乘客，并要礼貌地让非付费区内的乘客稍等。当售票亭排队人数超过5人时，应站立服务，提高兑零、售票速度；当排队人数超过8人时，并维持3min以上，请示客运值班员增加人手实施双人售票和兑零、在出售及分析车票时尽可能使用功能键，使操作准确而快捷；在兑零空余时间尽可能把硬币盘摆满硬币，所兑硬币不散放在票务凹斗，而是垒成柱形，使乘客取币方便、快捷，不得有丢、抛的动作，充分利用点币机兑零，10个硬币以下用点币盘，同时台面适量放置几个硬币。

对于减少票务中心交接班时对乘客服务的影响，应做到：

1）交接班时间安排在车站非高峰期。

2）交班前做好有关准备。

3）接班人先准备好一盘硬币。

售票员应预备充足的零钱和车票，掌握存量，及时通知客运值班员追加，保证售票和兑零工作顺畅。特别注意：车站统一规定在乘客较少或车控室能监控到的一端，办理车票问题的处理和开启边门的登记。

## 四、行车值班员岗

### 1. 岗位服务要求

行车值班员工作时应做到：公平、公正、合理、及时处理有关乘客问题。在岗时，应站在公司的立场，遵循公司的方针、政策。车站出现大客流，乘客排长队现象时应积极采取措施，播放广播疏导客流，让乘客顺利购票和进出车站。

### 2. 标准服务用语

当站台有乘客越出黄色安全线、站台乘客较多或依靠安全护栏时，使用人工广播（普通话）："各位乘客，为了您和他人的安全，请站在黄色安全线内排队候车，谢谢合作！""各位乘客，为了您的安全，请勿手扶安全护栏，自觉排队候车，谢谢合作！""各位乘客，由于现在站台乘客较多，请到站台××部候车，谢谢合作！"

当发生突发事件或意外情况时，使用人工广播："各位乘客，由于车站发生险情，可能会危及您的人身安全，请听从工作人员的指引，迅速离开车站。"

## 五、客运值班员岗

客运值班员的工作主要是监控 AFC 设备的状况和售票亭的情况，确保设备正常和售票亭零钱、票、发票充足；对待问题应公平、公正、合理，及时处理有关乘客问题；在岗时，应站在公司的立场，遵循公司的方针、政策；在遇到大客流时及时积极采取措施，加开兑零窗口，安排员工疏导乘客，并应在大客流出现前做好准备工作，如提前配票，准备好充足钱、票，确保设备状态良好等。

## 六、值班站长

### 1. 岗位服务要求

值班站长负责监控当班整体服务工作，巡视、指正员工服务工作中的不足之处，确保本班服务质量；根据车站客流特点，合理安排人手，利用 CCTV 及时了解售票亭排队情况，杜绝排长队现象的发生；及时了解售票亭车票、报表、硬币等情况，并及时组织增补。当 TVM 前无法解决乘客排长队购票的问题时，值班站长负责决策售票亭直接出售单程票；在人手不够的情况下，值班站长应组织检修人员、保洁人员拿广播协助引导；在处理乘客建议、投诉时，要态度谦恭，认真聆听，做好笔录，并积极主动回复乘客，直到乘客满意为止。

**2. 部分 AFC 设备发生故障时解决乘客排长队的主要措施**

（1）部分半自动售票机故障　半自动售票机发生故障后，引导乘客到其他售票亭，其他售票亭应增加人手；加强广播宣传与引导。

（2）部分 TVM 故障　视客流情况在半自动售票机上出售单程票，加强广播与引导。

## 七、司乘人员

司乘人员在岗时应精力集中，确保安全、准点地完成旅客运输工作，如图 5-8 所示为司乘人员正在聚精会神地工作。

图 5-8　司乘人员正在聚精会神地工作

列车运行中尽量保证车体平稳，列车进站停车时务必保证车位对准；打开车门后，司乘人员要在站台立岗，确认车门开、关正常且没有夹人夹物后，方可驶入下一区间。

特殊情况下，司乘人员需按规定播放列车自动应急广播；如需人工广播，司乘人员需按要求内容、时机等进行播放，人工广播时，要用普通话播放，语调平稳圆润、音量适中、读音准确、声音清亮。在有自动广播内容的情形下，严禁用人工广播。

### 思考题

1. 站台岗位的服务技巧中的“四多”“四到”“三勤”分别是什么？
2. 简述售票的作业程序。
3. 简述行车值班员的岗位服务要求。
4. 当部分 AFC 设备发生故障时，值班站长如何解决乘客排长队的现象？
5. 出现大客流时，客运值班员应做哪些工作？
6. 为了减少票务中心交接班时对乘客服务的影响，售票岗位应如何调整工作？

# 第三节　服务操作指南

乘坐地铁的步骤分为进站-购票-进闸-候车-乘车-下车-出闸-出站八步。在每一个环节完善相关的软、硬件设施，提高每一个环节的服务质量，才能为乘客提供优质的服务，让乘客满意。具体服务操作流程见表 5-1。

**表 5-1　服务操作流程**

| 流程 | 服务项目 | 操作指南 | 备　注 |
|---|---|---|---|
| 进站 | 乘客进站 | 1. 确认本站各出入口的地面导向标识指引是否清晰、正确，是否能正确地指引乘客找到地铁进站口，若地面导向标志损坏、指示错误或不明晰，车站员工应及时上报<br>2. 确保各出入口的卷帘门在运营时间内打开，每天开门时间要在该站头班车之前 10min 开启<br>3. 确保通道、站厅处的关于乘客乘车守则等宣传小画框清晰、齐备<br>4. 确保通道照明设施状态良好，有足够的光亮度<br>5. 水浸出入口时，车站员工应该做到：关停出入口处的电扶梯；在出入口与地面、站厅交界处放置告示牌“小心地滑”；在出入口设置挡水牌（木板、沙袋等），并通知保洁人员清扫积水<br>6. 确保通道、站厅卫生清洁，无杂物、纸屑，无积水 | 当班的值班站长应该多巡站，每 2h 巡视 1 次，售检票岗每 30min 巡视 1 次 |
| | 携带大件行李进站 | 1. 将物品度量器摆放在进、出闸机明显的地方<br>2. 当乘客携带超长、超重的行李时，向乘客解释：“对不起，您不能携带超长（超重）的物品进站，请您改乘其他交通工具。”<br>3. 必要时售检票员协助携带大件物品（在允许范围内）的乘客进站 | 售检票员发现乘客携带大件行李，主动引导 |
| | 乱扔乱吐 | 1. 售检票员及时制止，并解释：“对不起，在公共场所乱扔乱吐，将处以罚款，请您下次注意。”<br>2. 售检票员立即通知保洁人员进行清扫，不得影响车站的环境 | |
| | 不熟悉的线路 | 按服务标准，对乘客的问题做到有问必答，如果出现不熟悉的地址或乘车线路，不能主观臆断地告之乘客，应告诉乘客“对不起，我不清楚，我帮你询问其他工作人员”；立即询问车站其他员工。若车站其他员工都不知道时，此时应礼貌地向乘客做出解释 | |
| | 乘客找人找物 | 树立“想乘客之所想，急乘客之所急，帮乘客之所需”的主动服务意识。车站记录乘客的找人、找物信息，并立即向行车调度员汇报，请行车调度员将此信息通报各站，发动各站进行寻找。同时请乘客留下地址、联系电话，以便联系。如在本站，应加强本站的广播宣传 | |
| 购票 | 当乘客询问如何购票时 | 1. 当乘客询问如何购票时，车站工作人员应耐心回答：“如果您需要买单程票，请您先在售票亭兑零，然后到自动售票机处购买；如果您需要购买储值票，可在储值票窗口购买。”<br>2. 售检票员对老人、小孩应给予积极主动的服务 | 多巡视，主动指引乘客到自动售票机购买单程票 |
| | 设备不良时 | 1. 当乘客使用的 TVM 等设备状况不良时，售检票员应该通知客运值班员将此台设备设置成“暂停服务”，并请乘客使用其他的机器进行购票<br>2. 同时报站控室设备故障，及时通知相关人员维修 | 售检票员应及时巡视，确保 TVM 等状态正常 |

（续）

| 流程 | 服务项目 | 操作指南 | 备　注 |
| --- | --- | --- | --- |
| 购票 | 兑换硬币 | 售票员严格执行“一收、二唱、三操作、四找零”的程序，当排队的乘客超过 5 人以上，售票员要立即站立服务 | |
| | 购买储值票 | 储值票售卡员应严格执行“一收、二唱、三操作、四找零”的程序，并且将赋值成功的车票插入读卡器后说：“请看显示器显示是否为××元的车票。”确认无误后，说：“找您××元，一张××元的车票。” | |
| | 乘客在售票亭前排长队 | 1. 排队人数超过 5 人时，售票员立即站立服务，加快兑零速度，排队人数超过 8 人时，请示客运值班员增加人手实施双人兑零方案，或者加设临时兑零点<br>2. 在出售及分析车票时尽可能使用功能键，使操作准确而快捷 | 售检票员加强引导，尽可能使两端售票亭乘客数均衡 |
| | 兑换大量硬币的乘客 | 售票员耐心向乘客解释：“如果您不乘坐地铁，请到银行兑换硬币，否则会给我们的工作带来不便，影响了对其他乘客的服务。” | 售票员应做好耐心的解释工作 |
| | 收到假币或残币 | 1. 除缺损四分之一以上、辨认不清面值的纸币不收外，其余都应按规定收取<br>2. 售票员发现乘客使用假钞，应耐心向乘客解释：“您这张是假币不能使用，请您另外换一张。”<br>3. 如解释无效，可报告值班站长或请求公安人员处理<br>4. 若遇到面值较大或数量较多的假币，应立即报告值班站长或请求公安人员处理 | |
| | 因票款不符而与乘客产生纠纷 | 1. 车站工作人员向乘客解释：“对不起，我们的票款是当面点清的，请您再确认一下，您的票款是否正确，如果确实有误，我们立即进行封窗查票。”<br>2. 乘客认为票款确实有误时，值班员以上人员立即进行封窗查票，若查出售票员差款，车站员工应马上把钱退还给乘客，并向乘客解释：“对不起，由于我们工作的疏忽给您带来的不便，希望得到您的谅解，我们一定会避免下次再发生这类事件。”若售票员的票款吻合，我们的工作人员要耐心向乘客解释，做好安抚工作：“对不起，经我们查实，售票员的票款没有差错，请您谅解。”若乘客故意为难员工，可找公安人员配合 | 在售票亭显眼处放置“票款当面清”的告示牌；要求售票员遵守售票作业程序 |
| | 退票 | 向乘客解释单程票一律不给予退票，因地铁原因除外 | |
| 进站 | 进闸 | 1. 对第一次使用车票进闸的乘客，特别是老年乘客，售检票员要协助他们使用车票，耐心告诉乘客：“请将车票放置在读卡器上，然后拿回车票通过扇门，并妥善保管好车票。”<br>2. 对携带了大件行李而不便进闸的乘客，售检票员可以让乘客验票并关闭扇门后（以防其他无票乘客通过扇门进站），为该乘客打开边门进站，并告诉乘客保管好车票 | |

（续）

| 流程 | 服务项目 | 操作指南 | 备注 |
| --- | --- | --- | --- |
| 进站 | 处理超高小孩逃票和成人逃票 | 1. 发现无票的超高小孩或故意逃票的成年人，应马上上前制止，并要求重新到售票亭买票：“对不起，您超过了1.1m（或您好，成年人应该买票），请您购票，请配合我们的工作”<br>2. 若发现违规使用车票的乘客（特别是成人使用学生票等有意逃票的行为），按规定处理，必要时找公安人员配合 | 在进闸机处设立明显的1.1m标尺 |
|  | 乘坐电梯 | 乘客进闸后乘坐电梯到达站台，通过电梯扶手处张贴的宣传画、乘坐电梯守则和站厅广播等向乘客宣传“右侧站稳，左侧通行”，车站员工要多加强引导 | 广播至少每20min播放一次 |
|  | 老年乘客乘扶梯而拒绝走楼梯 | 1. 进闸后，劝老人走楼梯或由家人陪同下到站台，或由售检票员陪同老人一起下楼梯，送至站台<br>2. 利用广播宣传“老人乘坐扶梯请由家人陪同”<br>3. 可让老人刷卡后，乘坐残疾人电梯下到站台乘车 |  |
|  | 摔伤乘客 | 1. 发现乘客摔伤，立即由车站工作人员搀扶到车控室，若乘客伤势严重，立即报120，若伤势较轻，可由车站提供外伤的药品<br>2. 同时寻找两位目击证人，若因地铁原因造成的乘客摔伤，通知安保部，按地铁有关规定处理；若因个人原因造成，则安抚乘客下次小心，有必要时，通知其家人 |  |
| 候车 | 站在黄色安全线边缘或蹲姿 | 1. 通过车站固定录音广播、人工广播不断向乘客宣传，强调指出：“为了您的安全，请在黄色安全线以内候车”<br>2. 站台安全员不断加强巡视，发现有乘客越出黄色安全线或蹲姿候车，应立即用手提广播制止，如果效果不好，应及时制止乘客的行为<br>3. 发现身体不适，或年龄较大的乘客，可指引他们到候车椅上休息 |  |
|  | 候车吸烟 | 站台安全员发现有乘客吸烟，立即制止，有礼貌地解释：“对不起，为了安全，地铁站不允许吸烟，请您灭掉烟头，谢谢合作！” |  |
|  | 小孩在站台追跑 | 站台安全员注意提醒家长带好自己的小孩，不要让他们随意在站台上奔跑，及时上前制止正在追逐打闹的小朋友，用人工广播强调：“地面滑，容易摔跤，请家长带好小孩，不要在站台追逐、打闹、奔跑。” |  |
|  | 当站台有老人精神异常特殊乘客 | 1. 发现有老人、小孩候车，应重点留意并指引他们到座位上等候<br>2. 发现有精神异常的乘客，立即通知车控室处理，并重点留意他们的动态，同时加强维持站台的秩序<br>3. 发现有身体不适的乘客，应主动上前询问情况，并指引他们到座椅上休息，若乘客感到很不适，立即通知车控室处理 | 加强观察站台候车乘客的动态 |
|  | 列车晚点延误乘客时间 | 1. 值班站长在列车晚点10min以上，应立即采取措施，通知各岗位列车晚点，做好对乘客的解释工作<br>2. 列车故障、晚点规定，在SC上设置列车故障模式<br>3. 用标准广播，向乘客播放相关票务政策，为乘客提供全面的服务使乘客满意 |  |

（续）

| 流程 | 服务项目 | 操作指南 | 备注 |
|---|---|---|---|
| 乘车 | 列车开门 | 1. 列车自动开门后，驾驶员按规定在站台立岗<br>2. 若采用人工驾驶列车时，则待列车停稳后，马上按规定的程序打开车门，并立即进行立岗作业<br>3. 要求注意力集中，保持良好的站姿，发现有异常情况，马上用对讲机报告行车调度员，就近通知站台安全员并协助车站处理 | |
| | 乘客上车 | 站台安全员通过人工广播或站台广播向乘客宣传："上车时，请小心站台与列车之间的空隙，在车门即将关闭时，请不要强行上车，以防被车门夹伤，耐心等待下一趟列车" | |
| | 列车运行 | 1. 列车在车站动车前，驾驶员要通过监视镜，再次确认站台安全后才可动车。若发现有乘客突然越出黄色安全线，则马上采取措施并再次确认站台安全才继续动车<br>2. 人工驾驶列车时，驾驶员注意平稳操纵列车，做到起动、调速、进站停车平稳，准确对标，避免二次起动<br>3. 人工驾驶时，要按压主控手柄上警惕按钮，严格控制速度，避免松开警惕按钮，超速产生紧急制动<br>4. 列车在运行中，驾驶员要加强瞭望前方线路，进站前鸣笛，发现有紧急情况马上采取紧急措施 | |
| | 车厢内应遵守规章 | 通过车厢内的宣传标语、车站广播等多种方式向乘客宣传，严禁在车厢内攀爬、悬吊、睡卧、追逐和打闹等 | |
| | 列车广播 | 1. 列车开动后，驾驶员要确认列车上的广播已经正确播放<br>2. 若自动广播故障，驾驶员应进行人工广播，以给予乘客正确的指引 | |
| | 车门夹人 | 乘客被车门夹有两种情况：<br>1. 乘客未被夹伤，要求公司给出处理意见时：要耐心认真听乘客叙述事情经过，并进行分析；如因乘客抢上抢下被夹应向其说明有关注意事项，希望乘客今后乘坐地铁应提前做好上下车准备，避免再出现此类现象；确因地铁原因造成乘客被夹，应向其表示歉意<br>2. 乘客被夹伤，要求到医院治疗时：安慰被夹伤的乘客，并向乘客讲明自己正在当班，不能擅自离岗，通知值班员/值班站长处理。若因地铁原因造成的乘客夹伤，通知安保部，按地铁有关规定处理 | |
| 下车 | 乘客下车 | 1. 站台安全员通过人工广播或站台广播向乘客宣传："乘客下车时，请您小心站台与列车之间的空隙，车门即将关闭时，请不要强行下车，谨防被车门夹伤。"<br>2. 对下车的老人和小孩，用广播宣传："请老人、小孩走楼梯或由家人陪同乘坐电梯。" | |

（续）

| 流程 | 服务项目 | 操作指南 | 备注 |
|---|---|---|---|
| 下车 | 列车关门 | 1. 在确认乘客上下完毕后，DTI 显示“15”时开始关门<br>2. 驾驶员掌握好关门时机，准确关门，发现有乘客抢上抢下时，要及时采用重开门按钮开关门，避免夹伤乘客<br>3. 车门关好后，马上呈立正姿势再次确认列车所有车门。黄色指示灯灭，所有乘客离开黄色安全线，才进入驾驶室 | |
| | 残疾人上楼 | 车站售检票员、站台安全员及时安排并帮助残疾乘客乘坐残疾人专用电梯 | |
| | 乘客下车后逗留在站台 | 站台安全员注意下车乘客的动态，若发现有逗留在站台不出站的乘客，应主动上前询问情况，礼貌地告诉乘客不要逗留在车站，应该尽快出站 | 站台安全员要提高警惕，避免发生逗留的乘客跳轨追车 |
| 出闸 | 有秩序地出站 | 售检票员加强对出闸机的巡视，并通过人工广播的形式向乘客进行“关于单程票回收和一张票只能一人通过闸机”的宣传 | |
| | 如何处理乘客卡票 | 1. 在车站计算机上或到现场巡视闸机状态，发现卡票可按照规定办理<br>2. 找到车票后，向乘客询问有关车票的信息，确认车票是否为该乘客的，并做好相应的解释工作<br>3. 若车站计算机无报警，打开闸机时也没找到车票，请 AFC 维修人员到现场确认，情况属实，则对乘客做好解释工作 | |
| | 手持车票出不了站 | 1. 售检票员发现出不了站的乘客，及时赶到现场，请乘客到售票亭的补票窗口办理<br>2. 向乘客做好解释工作：“对不起，您的车票已超乘，按规定须补交超乘车费××元。”“对不起，您的车票已超时，按规定须补款××元。”“对不起，您的车票有问题，我现在为您办理。” | |
| | 如何处理补票 | 1. 当付费区与非付费区均有人时，乘客要做好解释工作，向其中一边的乘客解释：“请稍等，待会帮您处理。”<br>2. 将车票分析后，通过显示器告诉乘客，需要补票或者车票过期等信息 | |
| 出站 | 乘客出站 | 1. 确认站厅的出入口导向牌等标志信息是否正确、完整，若导向标志损坏，或指示出错，车站员工应及时通过书面、口头等形式报告站务室<br>2. 若乘客不确定自己出站的方向，车站员工应给予主动、热情的指引，不能欺骗或敷衍乘客 | 车站员工熟悉地铁站连接的各大建筑物、商场、学校、医院等场所以及采取的换乘方式 |

（续）

| 流程 | 服务项目 | 操作指南 | 备　注 |
|---|---|---|---|
| 出站 | 乘客在地铁站逗留 | 售检票员及时发现有乘客在地铁站逗留时间较长不出站，或坐在站厅的地上时，应及时问清乘客逗留的原因，礼貌地请乘客不要坐在站厅地面，请乘客尽快出站，以免影响车站的正常运营 | |
| | 如何面对有投诉倾向的乘客 | 1. 全体站台安全人员应具备预防服务冲突的两种优质品质，即：宽容大度、与人为善<br>2. 处理问题时应注意方式方法，采用“易地、易人、易性”的方式，耐心地做好乘客解释工作。寻求最佳的处理时机，避免投诉事件的发生。易地处理：将乘客请到房间内或僻静处处置，给乘客留有余地；易人处理：必要时，交给其他站务人员处理；易性处理：原则性和灵活性有机结合 | 处理投诉尽量避免在乘客聚集的场所 |

### 思考题

1. 乘客乘车分为哪几个步骤？
2. 乘客进站步骤有哪些？
3. 如何处理乘客卡票（含如何辨别卡票）？
4. 当站台有老人、精神异常等特殊乘客时，站务人员应如何处理？
5. 如何处理乘客在地铁站逗留？
6. 携带大件物品的乘客要出站时，是否可以开启边门处理？

## 第四节　车站管理制度

### 一、卫生管理

**1. 卫生清扫制度**

车站公共区由保洁人员负责清洁，车站设备用房卫生由各自部门的员工负责清扫，车站管理用房卫生由车站员工负责清扫；坚持卫生清扫、保持落实卫生工作标准，做到车站环境清洁舒适、协调美观；岗位卫生要做到定时保洁与随脏随扫相结合，班组卫生区要做到每周彻底清扫一次。

**2. 卫生检查制度**

1）车站卫生检查工作应纳入车站日常管理，设置卫生检查考核台账。

2）车站员工应经常检查、监督车站卫生情况，发现问题及时跟进，以保持车站清洁。

3）值班站长每天对卫生情况验收两次，填写《车站保洁质量验收单》，一式两份，一份由车站留存，一份由保洁公司留存，如卫生情况较差，车站发现后要立即督促保洁人员进行清理，并及时反映相关情况。

4）综治会召开时，车站会对保洁工作进行总结、评估；坚持班组自查制度，班组卫生区按规定卫生标准及时进行整治恢复；站长/站务中心不定期对车站卫生进行检查、考核。站务室每月汇总车站卫生情况，向保洁部门反馈。

**3. 卫生清扫标准**

1）不锈钢：每天清抹一次，每周用不锈钢水保养一次。

2）玻璃：每天清抹一次，每周用玻璃清洁剂洗刮一次。

3）大理石地面：每天不间断巡扫，每周用洗地机机洗两次，每两个月打蜡一次。

4）垃圾箱：每天清理两次，每周用清洁剂彻底消毒一次。

5）公共通道：每天不间断巡扫，每晚用拖把拖净或机洗，每周用清洁剂彻底冲洗一次。

6）墙壁：每周净抹一次（2m 以下），每月净抹 3m 以上的墙壁一次。

① 车站出入口外墙：每半年清洗一次。

② 隧道：每年冲洗一次，每季度清扫一次。

③ 垃圾清理：每天按指定时间收集，运往垃圾场。

④ 管理用房消毒：每周对车站内的管理用房进行消毒一次。

## 二、服务设施管理

服务设施是指车站和列车中除了运营基础设备以外的，直接面对乘客，并对乘车服务产生直接影响的硬件服务设施，包括现有的和为满足乘客需求的设施。现有的配套服务设施包括站外公告栏、服务时间牌、出入口标志牌、小画框、售票亭、临时售票亭、取阅架、站台报纸架、站台安全护栏、意见箱、站台电视、大件物品度量仪、导向牌、T 型公告牌、TVM、站台座椅和垃圾桶等。

**1. 视觉要求**

设施外观及配套部件（如灯管、胶片、锁头和螺钉等）符合企业形象识别（CI）中企业视觉识别（VI）的标准，状态良好、干净整洁、无污渍、无胶痕、无褪色、无褶皱、无撕损和翘边等。

**2. 检查要求**

（1）车站　站长负责组织每周彻查一次，发现问题要做好记录并组织整改；对解决不了的问题，报上一级解决。值班站长当班每 2h 巡视一次，发现问题要做好记录并组织整改；对解决不了的问题，报上一级解决。售检票员、站台安全员当班时，负责检查所在工作区域内的服务设施，发现问题及时报当班值班站长。

（2）站务室

1）对车站上报的服务设施问题积极组织整改；对解决不了的问题，报上一级解决。

2）每月将车站服务设施尚存在的问题汇总一次报告客运部联系整改。

3）每月至少组织一次服务设施检查，对存有违规服务设施且未将问题上报的车站进行考核。

## 三、运营应急信息发布管理

**1. 应急信息传递管理**

（1）站务

1）按“先处理后汇报”的原则执行。应急情况下，车站按照《运营应急信息发布管理办法》的规定执行相关信息发布，同时逐层上报；原则上处理完毕后1h内将应急广播信息报告中心，2h内将应急广播信息报告客运部。

2）汇报内容：当时发生的事件和环境、播放的应急广播信息编号及内容、自动广播或人工广播、广播频率、乘客投诉情况、告示张贴情况、媒体采访情况、其他有必要说明的情况等。

（2）乘务

1）按“先处理后汇报”的原则执行。应急情况下，驾驶员按照《运营应急信息发布管理办法》的规定执行相关信息发布；原则上处理完毕后1h内将应急广播信息报告中心，2h内将应急广播信息报告客运部。

2）汇报内容：当时发生的事件和环境、播放的应急广播信息编号及内容、自动广播或人工广播、广播频率、其他有必要说明的情况等。

**2. 应急信息发布管理**

（1）站务　车站工作人员是车站信息发布的执行者，负责在事件过程中向车站乘客发布信息，接收OCC信息，并向OCC通报事件信息及有关操作。主要发布信息的类别为：客运信息、安全信息和票务信息。

1）车站广播发布规范。广播由车站工作人员操作，严禁非站务人员操作，必须根据实际需要选择适当的播放时机，准确地播放内容，内容要按照规定的区域和次数来播放，广播的音量和每条信息之间的播放间隔要适中。在有自动广播内容的情形下，严禁用人工广播。进行人工广播时，车控室其他工作人员不得喧哗、大声说笑，广播人员要使用普通话进行播放，语调要平稳圆润、音量适中、读音准确、声音清亮。

2）告示。车站根据OCC提供信息及时张贴告示，告示张贴要平整，信息要准确。当恢复正常时要立即撤除告示。

（2）乘务　列车驾驶员是列车信息发布的执行者，负责在事件过程中向列车乘客发布信息，接收OCC信息，并向OCC通报事件信息及有关操作。主要发布信息的类别为：行车信息与安全信息。

列车广播发布规范同车站广播发布规范。

### 思考题

1. 末班车开出前客运组织要做哪些工作？
2. 什么是服务设施？
3. 值班站长对车站卫生检查工作有哪些要求？
4. 简述车站卫生清扫标准。
5. 应急信息发布有哪些要求？

# 第五节　车站、列车广播发布程序

## 一、行车故障

行车故障是指发生供电、信号、列车、轨道等影响行车的设备故障，本操作程序中以10min为划分标准，主要是指OCC在事件发生10min后，必须提供事件的故障原因和预计恢复运营时间，当OCC能够提供详细信息后，不论是否到10min，都必须采用10min后的信息发布模式，向乘客提供详细信息。

当发生行车故障时，应立即启动以下信息发布操作程序：

**1. 事件发生超过1min的处理措施**

事件发生超过1min，故障列车驾驶员根据实际情况发布故障信息，其他受影响的列车驾驶员、车站人员按OCC提供的信息发布相应故障信息。

（1）列车自动广播　每隔2min广播一次。

一旦出现临时停车的情况广播："尊敬的各位乘客，现在是临时停车，请您稍候，不便之处，敬请原谅。"

列车清客到站广播："各位乘客请注意，由于设备故障，本次列车将退出服务，全体乘客请下车，对给您带来的不便，我们深表歉意。"

限速行车低于25km/h并超过一个区间广播："各位乘客请注意，由于设备故障，现在实行限速行车，不便之处，敬请原谅。"

不停站通过广播："各位乘客请注意，由于特殊情况，本次列车将不在下一站停靠，有在该站下车的乘客，请选择其他站下车，下车后与工作人员联系，不便之处，敬请原谅。"

（2）车站自动广播　车站自动广播程序见表5-2。

**表5-2　车站自动广播程序**

| 编号 | 信息名称 | 内　容 | 播放时机 | 播放地点 | 播放频率 |
|---|---|---|---|---|---|
| 1 | 列车晚点广播 | 各位乘客请注意，本站开往××方向的列车将有延误，请您稍候，不便之处，敬请原谅 | 列车延误时 | 站台 | 每隔1min播放一次 |
| 2 | 列车不停站通过时本站广播 | 各位乘客请注意，本次开往××方向的列车将不停站通过，请您在黄色安全线内耐心等候下一趟列车，谢谢合作 | 列车不停站通过时 | 站台 | 列车到站1min前开始反复播放至列车通过 |

（续）

| 编号 | 信息名称 | 内　　容 | 播放时机 | 播放地点 | 播放频率 |
| --- | --- | --- | --- | --- | --- |
| 3 | 列车清客广播 | 各位乘客，由于设备故障，本次开往××方向列车将退出服务，有急事的乘客，请改乘其他交通工具。出站时请听从工作人员的指引，已购票的乘客在本站票亭退票或更新 IC 卡，不便之处，敬请谅解 | 列车在本站需清客时 | 站厅<br>站台 | 反复播放 |

（3）车站人工广播　车站人工广播程序见表5-3。

**表5-3　车站人工广播程序**

| 编号 | 信息名称 | 内　　容 | 播放时机 | 播放地点 | 播放频率 |
| --- | --- | --- | --- | --- | --- |
|  | 列车不停站通过其他站广播 | 各位乘客请注意，开往××方向的列车将暂时不停站通过××站，请到××站的乘客在其他站下车，或改乘其他交通工具，不便之处，敬请原谅 | 列车不停站通过时 | 站厅<br>站台 | 列车到站 1min 前开始反复播放至列车通过 |

**2. 事件发生超过 10min 的处理措施**

事件发生超过 10min，OCC 应当根据抢修信息向车站传达目前故障信息及维修进度，预计故障维修所需时间，列车驾驶员及车站开始按 OCC 提供的信息向乘客发布事件处理信息。

（1）列车人工广播　每隔 2min 广播一次。

临时停车持续的情况广播："尊敬的各位乘客，供电（信号、列车、轨道）故障正在加紧抢修，预计需××min 可恢复行车，不便之处，敬请原谅。"

列车清客到站广播："各位乘客请注意，由于供电（信号、列车、轨道）故障，本次列车将退出服务，全体乘客请下车，对给您带来的不便，我们深表歉意。"

限速行车低于 25km/h 并超过一个区间的情况持续："各位乘客请注意，供电（信号、列车、轨道）故障正在加紧抢修、预计需××min 可恢复正常运营。有急事的乘客，请改乘其他交通工具。不便之处，敬请原谅。"

（2）车站人工广播　由车站人员按广播稿进行人工发布，车站人工广播程序见表5-4。

**表5-4　车站人工广播程序**

| 编号 | 信息名称 | 内　　容 | 播放时机 | 播放地点 | 播放频率 |
| --- | --- | --- | --- | --- | --- |
| 1 | 列车晚点广播 | 各位乘客请注意，由于特殊原因，本站开往××方向的列车将有延误，请您稍候，不便之处，敬请谅解 | 列车延误时 | 站台 | 每隔 1min 播放一次 |

（续）

| 编号 | 信息名称 | 内容 | 播放时机 | 播放地点 | 播放频率 |
|---|---|---|---|---|---|
| 2 | 列车不停站通过本站广播 | 各位乘客请注意，由于特殊原因，本次开往××方向列车将不停站通过，请各位乘客耐心等候下一趟列车，谢谢合作 | 列车不停站通过时 | 站台 | 列车到站1min前开始反复播放至列车通过 |
| 3 | 列车清客广播 | 各位乘客，由于特殊原因，本次列车将退出服务，有急事的乘客，请改乘其他交通工具。出站时请听从工作人员的指引，已购票的乘客在本站票亭退票或更新IC卡，不便之处，敬请谅解 | 列车在本站需清客时 | 站厅<br>站台 | 反复播放 |
| 4 | 列车不停站通过其他站广播 | 各位乘客请注意，由于特殊原因，开往××方向的列车将暂时不停站通过××站，请到××站的乘客在其他站下车，或改乘其他交通工具，不便之处，敬请原谅 | 列车不停站通过时 | 站厅<br>站台 | 反复播放 |

## 二、行车险情

行车险情是指行车线上、列车上发生火灾、爆炸、乘客人为伤亡事故等。

**1. 列车人工广播**

驾驶员每隔2min广播一次，除列车人工广播外，其他程序均须接到OCC下达命令后才可启动。出现列车上有乘客报警时：报警乘客请注意，报警系统已启动，列车马上进站，将有工作人员协助处理。

**2. 车站人工广播**

车站在接到OCC故障信息或停运信息后人工广播程序见表5-5。

**表5-5　车站人工广播程序**

| 编号 | 信息名称 | 内容 | 播放时机 | 播放地点 | 播放频率 |
|---|---|---|---|---|---|
| 1 | 列车晚点广播 | 各位乘客请注意，本站开往××方向的列车将有延误，请您稍候，不便之处，敬请原谅 | 列车延误时 | 站台 | 每隔1min播放一次 |
| 2 | 列车不停站通过本站广播 | 各位乘客请注意，本次开往××方向列车将不停站通过，请您等候下一趟列车，多谢合作 | 列车不停站通过时 | 站台 | 列车到站1min前开始反复播放至列车通过 |
| 3 | 列车延误10min以上广播 | 各位乘客请注意，由于特殊原因，本站开往××方向的列车将晚点到达，请耐心等候。有急事的乘客，请改乘其他交通工具。出站时请听从工作人员的指引，已购票的乘客在本站票亭退票或更新IC卡，不便之处，敬请谅解 | 列车延误10min以上时 | 站厅<br>站台 | 反复播放 |

（续）

| 编号 | 信息名称 | 内容 | 播放时机 | 播放地点 | 播放频率 |
|---|---|---|---|---|---|
| 4 | 全线停运广播 | 各位乘客请注意，由于特殊原因，全线列车将暂停服务，请乘客改乘其他交通工具。出站时请听从工作人员的指引，已购票的乘客在本站票亭退票或更新 IC 卡，不便之处，敬请谅解 | 发生紧急情况必须全线停运时 | 站厅<br>站台 | 反复播放 |

## 三、车站故障

车站故障是指发生 TVM、BOM、闸机、照明等车站设备大规模故障等。

车站自动广播：车站在发生故障时播放以下信息，车站自动广播程序见表 5-6。

**表 5-6 车站自动广播程序**

| 编号 | 信息名称 | 内容 | 播放时机 | 播放地点 | 播放频率 |
|---|---|---|---|---|---|
| 1 | 出闸机故障 | 出站的乘客请注意，因车站出闸机故障，请听从工作人员的指引，单程票将由工作人员回收，持储值票的乘客将在下次乘车时扣除本次车费，不便之处，敬请原谅 | 出闸机大规模故障时 | 站厅 | 每隔 3min 播放一次 |
| 2 | 进闸机故障 | 进站的乘客请注意，因车站进闸机故障，请听从工作人员的指引，从边门进站，不便之处，敬请原谅 | 进闸机大规模发生故障时 | 站厅 | 每隔 3min 播放一次 |
| 3 | TVM 故障 | 各位乘客请注意，因车站自动售票机故障，请到车站的售票亭购买车票，不便之处，敬请原谅 | TVM 大规模故障时 | 站厅 | 每隔 3min 播放一次 |
| 4 | 半自动售票机和 TVM 故障 | 各位乘客请注意，因车站售票机故障，需要乘车的乘客请到车站售票亭购买纸票，不便之处，敬请原谅 | 半自动售票机和 TVM 全部故障时 | 站厅 | 每隔 3min 播放一次 |
| 5 | 照明故障 a | 各位乘客请注意，因车站照明故障，请勿惊慌，列车仍正常运行。如有困难请与工作人员联系，不便之处，敬请原谅 | 照明供电故障但仍可运营时 | 站厅<br>站台 | 反复播放 |
|  | 照明故障 b | 各位乘客请注意，因车站照明故障，请听从工作人员的指引，尽快从边门离开车站。持单程票的乘客可在 7 日内到本站照常使用或办理退票手续，持储值票的乘客可在下次到地铁车站办理免费更新，对给您带来的不便，我们深表歉意 | 照明供电大规模发生故障无法运营时 | 站厅<br>站台 | 反复播放 |

## 四、车站险情

车站险情是指车站发生火灾、爆炸、乘客人为伤亡事故等。

1）当车站工作人员发现或接报火灾、爆炸等紧急险情时，车控室应当立即启动以下信息发布程序，信息发布程序见表5-7。

**表5-7 信息发布程序**

| 编号 | 信息名称 | 内容 | 播放时机 | 播放地点 | 播放频率 |
| --- | --- | --- | --- | --- | --- |
| 1 | 列车晚点广播 | 各位乘客请注意，开往××方向的列车将有延误，请您稍候，不便之处，敬请原谅 | 列车延误时 | 晚点<br>车站<br>站台 | 每隔1min播放一次 |
| 2 | 列车不停站通过本站广播 | 各位乘客请注意，本次开往××方向列车将不停站通过，请您等候下一趟列车，多谢合作 | 列车不停站通过时 | 站台 | 列车到站1min前开始反复播放至列车通过 |
| 3 | 险情疏导广播 | 各位乘客请注意，由于车站出现紧急情况，请各位乘客保持镇静，听从车站工作人员指挥，迅速离开本站。所持车票7日之内可到各站办理相关票务手续 | 车站发生火灾、爆炸等紧急情况时 | 站厅<br>站台 | 反复播放 |

2）OCC根据实际情况及有关程序规定，确定处理方案，列车驾驶员根据OCC提供的信息发布以下信息。列车人工广播，驾驶员每隔2min广播一次。

临时停车广播："各位乘客请注意，由于××站发生险情，现在实行临时停车，不便之处，敬请原谅。"

列车清客广播："各位乘客请注意，由于××站发生险情，请全体乘客在××站下车，不便之处，敬请原谅。"

不停站通过广播："各位乘客请注意，由于发生险情，本次列车将不停站通过××站，请到××站的乘客提前下车，不便之处，敬请原谅。"

3）OCC应当根据实际情况通知其他车站，进行列车不停站通过、列车晚点等信息的发布。

车站人工广播：车站接到OCC通知后播放以下信息，车站人工广播程序见表5-8。

**表5-8 车站人工广播程序**

| 信息名称 | 内容 | 播放时机 | 播放地点 | 播放频率 |
| --- | --- | --- | --- | --- |
| 列车不停站通过时其他站广播 | 各位乘客请注意，开往××方向的列车将暂时不停站通过××站，请到××站的乘客在其他站下车，或改乘其他交通工具，不便之处，敬请原谅 | 车站发生火灾爆炸等紧急情况时 | 站厅<br>站台 | 反复播放 |

## 知识拓展——地铁遇到危险情况的应急处理办法

如果你在地铁遇到下面三种情况：乘客被屏蔽门夹住、地铁里发生毒气袭击、遇到地铁列车突发火灾，应该采取以下应急处理方法。

1）若乘客被屏蔽门夹住，被夹乘客可立即通过操作屏蔽门内侧的紧急解锁装置打开屏蔽门，列车内乘客可拉下车门旁边的紧急解锁装置打开车门。另外，每侧站台两端均安装了紧急停车按钮，紧急情况下，乘客可按压紧急停车按钮迫使列车停车；非紧急情况下，切勿触碰地铁紧急装置。

2）地铁里发生毒气袭击时，乘客应当利用随身携带的浸湿的手帕、餐巾纸、衣物等用品堵住口鼻、遮住裸露皮肤；判断毒源，迅速朝着远离毒源的方向跑开，有序地到空气流通处或者到毒源的上风口处躲避；到达安全地点后，迅速用流动水清洗身体裸露部分。

3）遇到地铁列车突发火灾，乘客应保持镇定，远离着火地点，使用车厢内的紧急通信装置向驾驶员报警。每节车厢内配置了灭火器，在安全的情况下，乘客可使用灭火器进行灭火。列车将尽快运行至最近的车站，开启车门疏散乘客，请听从工作人员指引有序离开列车。

## 思考题

1. 什么是行车故障？
2. 当发生行车故障时应采取何种处理方法？
3. 车站人工广播对列车不停站通过其他站要如何进行广播？
4. 什么是车站险情？
5. 什么是车站故障？

# 第六章

# 自动售票机及闸机异常处理方法

### 学习目标

1. TVM、GATE 故障的处理方法
2. 故障处理的工作规范

## 第一节　工 作 规 范

### 一、退款依据

有以下依据可以进行退款：

1）TVM 历史交易记录表明 TVM 发生卡币、少出票、找零不足。

2）AFC 系统后台数据表明 TVM 发生卡币、少出票、找零不足、在异常交易发生时间前后 1min 内系统上查出有 CHS 故障或 BNA 故障，同时审核值与交易值发生差异情况下、出站闸机扣费不对等现象。

3）车站本站员工、公安、保安现场证实发生 TVM 卡币、少出票、找零不足等现象。

### 二、操作流程

**1. TVM 卡币**

TVM 卡币的处理措施：

1）车站人员询问乘客购票情况并检查出票槽有无遗留硬币。

2）客运值班员或值班站长查询 TVM 的历史交易记录，如果 TVM 交易记录显示结果与乘客反映情况一致，根据乘客需要在 POST 上发售同等面值车票或将相应款额及时退给乘客，并填写《乘客事务处理单》。

3）当 TVM 交易记录显示 TVM 交易正常，客运值班员与值班站长同时到现场打开 TVM，检查设备外部是否有卡币情况，发现所卡钱币与乘客反映情况一致，直接将钱币退还给乘客。

4）车站现场有本站员工、公安、保安证明发生 TVM 卡币现象，填写《乘客事务处理单》，现场证明人、客运值班员、值班站长须在《乘客事务处理单》上签字说明，退还相应款额给乘客。

5）当场无法核实乘客反映的情况，应向乘客解释清楚，填写《乘客事务处理单》。

① 当晚 TVM 票款清点完毕后，出现长款，且长款金额与卡币金额一致或大于卡币金额，次日将相应款额退还乘客，填写《乘客事务处理单》。

② 当晚 TVM 票款清点完毕后，无长款或长款少于卡币金额，客运值班员填写《退款申请单》，次日随报表一并上交票务中心收益组。

③ 票务中心收益组次日收到《退款申请单》后，送交票务中心中央维护工班进行数据查询，票务中心中央维护工班将查询结果反馈给收益审核组。票务中心收益审核组及其以上人员依据本章第一节退款依据第 2 条款判断是否应该退款，填写《退款通知书》，当日以电子邮件形式报给站务中心、车站，同时拨打车站录音电话通知车站进行确认，以票务中心发件箱为最终核对依据。

④ 车站收到回复意见，当日将意见回复乘客。办理退款时，填写《乘客事务处理单》，退款金额从当日的车站运营收入中扣除，将《乘客事务处理单》《车站收入日报》《退款通知书》一并装订起来，次日随报表一并上交票务中心收益组。

⑤ 特殊情况时，遇外地乘客发生此类事件。车站及时用录音电话报给票务中心中央维护工班，说明详细情况，票务中心中央维护工班进行数据查询，根据查询结果向票务中心主任确认，在接报后 30min 内拨打车站录音电话回复车站是否办理退款。车站填写《退款申请单》，注明特殊情况是否已办理退款，写清事情经过，若发生退款将《乘客事务处理单》和《退款申请单》次日随报表一并上交票务中心收益组。

**2. TVM 少出车票、找零不足**

TVM 少出车票、找零不足时的措施：

1）站务人员询问乘客购票情况并检查出票槽有无遗留车票。

2）客运值班员或值班站长查询 TVM 的历史交易记录，如果 TVM 交易记录显示结果与乘客反映情况一致，根据乘客需要在 POST 上发售同等面值车票或退还相应款额给乘客，填写《乘客事务处理单》。

3）现场有本站员工、公安、保安证明发生 TVM 卡币现象，填写《乘客事务处理单》，现场证明人、客运值班员、值班站长须在《乘客事务处理单》上签字说明，退还相应款额给乘客。

4）现场无法核实乘客反映的情况，应向乘客解释清楚，填写《乘客事务处理单》，处理流程同 TVM 卡币处理措施的第 5 条。

**3. TVM 发售无效票**

TVM 发售无效票的处理措施：

1）车站人员询问乘客购票情况，在 POST 上分析车票信息情况。

2）客运值班员或值班站长查询 TVM 的历史交易记录，如果 TVM 交易记录显示结果与乘客反映情况一致，根据乘客需要在 POST 上发售同等面值车票或退还相应款额给乘客，填写《乘客事务处理单》。

**4. TVM 多找零**

TVM 多找零的处理措施：

1）车站人员发现 TVM 多找零、多出币的情况下，询问乘客购票情况。

2）客运值班员或值班站长查询 TVM 的历史交易记录，如果 TVM 交易记录与实际找零数不一致，则回收多找零数目，将钱币封包解行，在《客运值班员交接班簿》和当日《车站收入日报》注明设备号码、金额、币种。将该台故障 TVM 设为“暂停服务”模式，同时需将事情概况报票务中心中央维护工班。

**5. 出闸机扣费不对**

出闸机扣费不对的处理措施：

1）车站人员询问乘客乘车和车票的扣费情况。

2）售检票员或客运值班员在 POST 上分析车票使用记录，填写《乘客事务处理单》，将该台故障闸机设为“暂停服务”模式，同时需将事情概况报票务中心中央维护工班。

3）客运值班员填写《退款申请单》，次日随报表一并上交票务中心收益组。

4）票务中心收益组次日收到《退款申请单》后，送交票务中心中央维护工班进行数据查询，票务中心中央维护工班将查询结果反馈给收益审核组。收益审核组依据退款依据第 2 条款判断是否退款，填写《退款通知书》，当日以电子邮件形式报给站务中心、车站，同时拨打车站录音电话通知车站进行确认，以票务中心发件箱为最终核对依据。

5）车站收到回复意见，当日将意见回复乘客。办理退款时，填写《乘客事务处理单》，退款金额从当日的车站运营收入中扣除，将《乘客事务处理单》《车站收入日报》一并装订起来，次日随报表一并上交票务中心收益组。

6）特殊情况时，遇外地乘客发生此类事件。车站应及时用录音电话报给票务中心中央维护工班，说明详细情况，票务中心中央维护工班进行数据查询，根据查询结果向票务中心主任确认，拨打车站录音电话回复车站是否办理退款。车站填写《退款申请单》，注明特殊情况已办理，写清事情经过，次日随报表一并上交票务中心收益组。

## 第二节　工作职责

### 一、工作职责

自动售票机、闸机出现异常时，各部门的分工如下：

1）站务中心负责乘客服务，做好解释和劝导工作。

2）票务中心负责后台数据查询及退款确定工作。

3）客运部、安保部、计财部负责对现场实施情况的监督。

## 二、工作质量要求

1）TVM、GATE 在运营期间发生异常交易情况时，现场处置以及时为原则，尽量减少处理时间，对一时无法处理的问题，车站应做好解释工作。

2）规范操作，优质服务。

## 三、其他

1）票务中心收到《退款申请单》，须在两个工作日内通知车站是否退款。车站须在三个工作日内回复乘客。

2）车站填写《退款申请单》，三个工作日内未收到回复，及时将情况上报站务中心票务协理员。

3）站务中心每月将退款申请办理情况书面报告客运部。

4）票务中心每月将退款情况进行汇总分析，次月 5 号前将月度汇总分析情况书面报交客运部，电子邮件报交安保部、计财部。

5）客运部定期检查车站退款申请办理情况，对造成延期办理退款的责任中心进行考核。

6）票务中心定期将经常发生数据差异的车站及当班值班站长、客运值班员名单抄送安保部，以便其跟踪检查。

## 四、相应表格的填写

在日常事务处理中，经常会接触到各种表格的填写工作，在此列举几种表格，表 6-1 为 TVM 交易记录查询注释表，表 6-2 为退款申请单，表 6-3 为退款通知书。

**表 6-1　TVM 交易记录查询注释表**

| 交易号码① | 日期② | 票种③ | 目的地④ | 交易值⑤ | 插入数量⑥ | 找零数量⑦ | 信用⑧ | 额外支付⑨ | 发售票卡⑩ |
|---|---|---|---|---|---|---|---|---|---|
| | | | | | | | | | |

注：安保部、申领单位或部门签字领取。

① 交易序列号。

② 发生交易日期及时间。

③ 显示“SJT”表示单程票，目前在 TVM 上只出售这一种票种。

④ 用数字表示，从“1”至“16”，分别代表××站至××站。

⑤ 交易时所需的钱币数量。

⑥ 乘客购票共插入钱币数量，单位“分”。

⑦ 应找零钱币数量，单位“分”。

⑧ 预留功能，目前暂为使用。

⑨ 少找零时，会显示少找零的钱币数量，单位“分”。

⑩ 正常出票时，显示“1/1”，未出票时显示“0/1”。

**表 6-2　退款申请单**

退款申请单

编号：

<table>
<tr><td colspan="2">申请车站：</td><td colspan="2">发生日期：</td><td colspan="2">设备号：</td><td></td></tr>
<tr><td colspan="7">事情说明：</td></tr>
<tr><td>当班客运值班员签字</td><td></td><td>清点客运值班员签字</td><td></td><td>值班站长签字</td><td colspan="2"></td></tr>
<tr><td>AFC 数据中心查询结果</td><td colspan="6"></td></tr>
<tr><td>查询人员签字</td><td colspan="2"></td><td>数据中心工班长签字</td><td colspan="3"></td></tr>
<tr><td>审核结果</td><td colspan="6"></td></tr>
<tr><td>票务中心签字</td><td colspan="6"></td></tr>
</table>

**表 6-3　退款通知书**

退款通知书

编号：

<table>
<tr><td>根据____________________车站于______年____月____日上交的____________________________编号《退款申请单》内容，经审核后，同意（　　），不同意（　　）退款。退款金额为____________元。</td></tr>
</table>

票务中心签字：

______年____月____日

# 参 考 文 献

[1] 张秀媛. 城市轨道交通客运管理 [M]. 北京：清华大学出版社，2012.

[2] 彭进. 铁路客运规章教程 [M]. 北京：中国铁道出版社，2010.

[3] 于涛. 城市轨道交通票务管理 [M]. 北京：人民交通出版社，2012.

[4] 程刚. 城市轨道交通行车组织 [M]. 北京：电子工业出版社，2012.

[5] 上海申通地铁集团有限公司轨道交通培训中心. 城市轨道交通概论 [M]. 北京：中国铁道出版社，2010.

[6] 黄健林，陈春根. 城市轨道交通车站消防系统 [M]. 北京：中国铁道出版社，2012.

[7] 刘菊美. 站务人员（城市轨道交通岗位技能培训教材）[M]. 北京：中国劳动社会保障出版社，2010.